효과적인 기도

워렌, 룻 마이어즈 부부

네비게이토 출판사
TO KNOW CHRIST AND TO MAKE HIM KNOWN

네비게이토 선교회는
국제적이며 복음적인 기독교 기관이다.
예수 그리스도께서는 자기를 따르는 자들에게
"너희는 가서 모든 족속으로 제자를 삼으라"
(마태복음 28:19)는 지상사명을 주셨다.
네비게이토 선교회는 세계 모든 국가에서
예수 그리스도의 일꾼들을 배가시켜
이 지상사명을 성취하는 일을 돕는 것을
근본 목표로 하고 있다.

네비게이토 출판사는
네비게이토 선교회의 문서 선교를 담당하고 있다.
본 출판사에서는 그리스도인의 영적 성장을 돕는
서적과 자료들을 출판하여,
그리스도인의 삶의 기초가 견고한
헌신된 제자로 성장하고,
나아가 성숙한 인격과 지도력을 갖춘
일꾼이 되도록 돕고 있다.

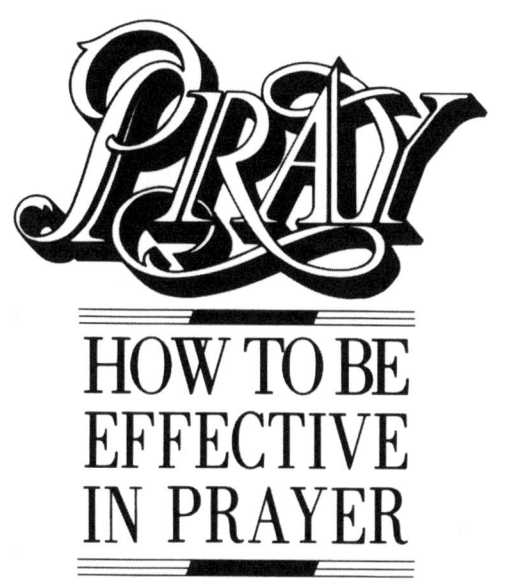

PRAY
HOW TO BE EFFECTIVE IN PRAYER

BY WARREN MYERS
WITH RUTH MYERS

Translated by permission
Title originally published in English as
PRAY: How to be effective in prayer
by NavPress, a ministry of The Navigators
ⓒ 1983 by The Navigators
Korean Copyright ⓒ 1986 by Korea NavPress

상담자요, 목사요, 친구이며,
기도와 모범을 통해
나의 삶의 견고한 기초를 놓아 주신
로버트 멍거 박사님께 드립니다.

차 례

추천의 말 13
서론 : 놀라운 두 사람 15

제 I 부 : 기도의 원리들
  1 기도를 들어주시는 하나님 23
  2 그리스도 안에 거함-기도의 첫째 기초 35
  3 깨끗케 함-기도의 둘째 기초 45
  4 기도의 세 가지 조건 63

제 II 부 : 기도의 본
  5 주님의 이름, 주님의 나라, 주님의 뜻 87
  6 일용할 양식 99
  7 우리 죄를 사하여 주옵시고 105
  8 우리를 구하옵소서 113
  9 나라와 권세와 영광이 121

제 Ⅲ 부 : 기도의 실제
   10 지속적인 경건의 시간　131
   11 경건의 시간을 발전시킴　143
   12 하나님의 말씀에서 보화를 캐냄　153
   13 우리의 감정과 하나님의 말씀　161
   14 주님을 향한 헌신　183
   15 기도를 위한 시간을 내라　195
   16 언제 어디서나 기도하라　211
   17 끈기 있게 구하라　225
   18 성령을 의지하라　239
   19 잃어버린 영혼들을 위하여 기도하라　249
   20 세계비전을 키워라　259

부록 Ⅰ : 경건의 시간의 계획　269
부록 Ⅱ : 놀라운 응답과 끈기 있는 기도　273

저자 소개

워렌 마이어즈는 제2차 세계대전이 끝나기 직전 미 육군 항공대에 복무하는 동안에 예수 그리스도를 자신의 구세주로 영접했습니다. 종전 후, 그는 버클리 소재의 캘리포니아 대학교에 들어가 기계공학과 종교학을 공부하고 1949년에 졸업했습니다. 이어 버클리 제일 장로교회의 교역자로 봉사하면서 3년 동안 네비게이토 선교회의 훈련을 받았습니다.

1952년에 그는 네비게이토 선교회의 파송으로 아시아로 건너간 이래 홍콩, 인도, 베트남 등지에서 선교사로 일했고, 1960년 다시 미국에 돌아가 사역했습니다. 그 후에 그는 아시아의 여러 나라에서 네비게이토 선교회의 간사로 일하였습니다.

워렌과 룻 마이어즈 부부는 본서 효과적인 기도 외에도 찬양, 기도의 31일 그리고 하나님의 인격에 관한 성경공부

교재인 Experiencing God' Attributes, Experiencing God's Presence, Discovering God's Will 등을 집필했으며, 룻 마이어즈는 완전한 사랑과 남편의 도움 가운데 찬양의 31일을 집필했습니다.

감사의 말

이 책이 나오기까지는 많은 사람들의 도움과 훌륭한 조언의 뒷받침이 있었습니다. 나의 처남 제이크 바네트, 그리고 폴 헨슬리, 존 리지웨이, 메리 도슨 등 많은 분들이 원고 내용을 명확하게 하고 다듬는 데 오랜 시간 동안 수고를 아끼지 않았습니다. 나의 아들 브라이언도 이 책을 위해 각별한 수고를 했습니다. 룻 리지웨이 자매는 실로 온 마음을 다하여 초고를 정리하고 타자해 주었습니다. 이들의 노고와 그 밖의 여러분들의 도움에 충심으로 감사드립니다.

추천의 말

    기도가 무엇보다도 중요한 선교지에서 주님을 섬기고 있는 나의 친구인 워렌 마이어즈가 쓴 이 책을 추천하게 되어 참으로 기쁩니다.
    기도는 하나님의 존전에 나아가 하나님과 나누는 거룩한 대화인 동시에 힘써 계발해 나가야 하는 기술이기도 합니다. 기술을 숙달하기 위해서는 타고난 재능만 아니라 그 재능을 갈고 닦는 수고가 있어야 합니다. 원리만 알아서 되는 것이 아니고 지속적인 훈련이 요구됩니다. 이 책은 날카로운 통찰력으로 기도의 원리에 대해 설명할 뿐 아니라, 그 원리를 따라 저자 자신이 기도하고 경험한 바를 통해 깨달은 사실들을 기록하고 있습니다. 이 책의 권위가 바로 여기에 있지 않나 생각합니다.
    이 책은 3부작 중 처음 권으로 기도의 전부를 다루고 있지 않아 나머지 부분을 다루게 될 다음 권들도 기대가 됩니다. 이 책의 매 페이지에는 세심한 연구와 사고의 흔적이 역력히 나타나 있습니다. 3부작이 완성되면 그것은 기도에 관한 현대의 고전이 될 것이 분명합니다.

그 원래 목적이 실질적인 데에 있긴 하지만, 이 책은 우선 실제적인 기도 생활의 토대가 되는 기본 원리들을 잘 제시하고 있습니다. 뒤이어 주님의 기도에 대한 자세한 해설이 나오며, 이 속에는 앞의 원리들이 내포되어 있습니다. 그리고 기도의 실천에 관한 내용으로 이 책을 마무리 짓고 있는데, 실제로 거기에 제시된 구체적인 단계들을 밟게 되면 균형 잡히고 온전한 기도의 삶을 살게 될 것입니다.

나는 이 책과 뒤이어 나올 저서들이 널리 배포되어 주님의 사역에서 귀한 역할을 담당하리라 믿습니다.

J. 오스왈드 샌더스

놀라운 두 사람

약 2백 년 전 영국의 한 구두 수선공이 세상의 믿지 않는 이들에 대해 깊은 관심을 갖게 되었습니다. 날마다 그는 구두를 두들겨 고치면서 그의 작업대 위에 걸려 있는 세계지도를 보며 기도했습니다. 그는 **쿡** 선장 여행기와 기타 여러 서적들을 통해 수집된 사실들을 그 지도 위에 기록해 두었습니다.

드디어, 기도하는 구두장이는 행동을 개시해야 할 때가 왔다고 느끼게 되었습니다. 평신도 전도자에 불과한 윌리엄 케리는 자기와 가까운 침례교 목사들에게 아직 복음이 들어가지 못한 지역의 사람들에 대해 관심을 기울이도록 촉구했습니다. 1772년 설교를 통해 그가 세계에 대해 그들이 져야 할 책임에 대해 도전하자, 한 사람이 이렇게 대꾸했습니다. "여보게 젊은이, 그만 앉게나! 하나님께서 이교도들을 구원하실 뜻이 있으시면, 자네나 나의 도움이 없이도 하실 걸세!"

케리는 하나님께서 자기를 인도로 부르셨다고 아내에게 이야기했습니다. 그녀는 그와 함께 가길 거부했고 아이들을 데려가는 것도 거절했습니다. 동인도 회사 측에서는 그의 여권 발급을 거절했고 막무가내로 승선한다면 그의 인도 상륙을 허락하지 않겠다고 경고했습니다. 그가 많은 사람들이 터무니없는 꿈으로 여기고 있는 그의 비전을 고집하자 그의 부친은 그를 정신이상자라고 공공연히 말하고 다녔습니다.

이런 온갖 장애에도 불구하고 그는 마침내, 마지막 순간에 아내와 아이들을 데리고, 덴마크 배를 탈 수 있었습니다. 1793년에 그들은 인도의 캘커타 부근에 있는 덴마크 식민지인 세람포르에 상륙했고, 케리는 근대 선교의 아버지가 되는 장도에 오르게 되었습니다. "난 재능은 없지만 열심히 일할 수는 있다"고 주장하면서 혼자서 공부한 이 평신도 전도자는 하나님께 쓰임받아 세계사의 흐름을 바꿔 놓았던 것입니다.

케리는 안식년도 없이 42년 동안 인도에서 일했습니다. 그 자신과 다른 사람들의 생활비를 벌기 위해 일하는 동시에 광범위하고도 열매가 풍성한 선교 사역을 하면서도, 그는 동역자들과 함께 전체 성경을 25개의 인도 방언으로 번역했고, 신약성경의 경우 8개 방언으로 더 번역했으며, 그 외에 신약성경의 일부분은 7개 방언으로 더 번역했습니다. 그들은 하나님의 말씀을 40개에 달하는 새로운 언어로 소개한 것인데 이는 선교 역사를 통해 볼 때 견줄 만한 것이 없는 업적인 것입니다.

　케리가 세람포르에 도착할 당시, 전 세계를 통틀어 겨우 수백 명의 선교사들이 수십 개 정도의 나라에서 일하고 있었습니다. 그런데 그가 인도에 도착한 지 20년이 못되어, 침례교 선교회, 런던 선교회, 뉴욕 선교회, 교회 선교회, 영국 및 해외 성서공회, 미국 해외 선교회, 그 밖에 여러 선교 단체가 일어나 전 세계에 선교사들을 파송했습니다. 오늘날 약 68,000명의 개신교 선교사들이 전 세계 대부분의 나라에 들어가 복음을 전하고 있고, 몇 나라를 제외한 거의 모든 나라에 교회가 세워져 있습니다. 이 폭발적인 전파의 불꽃은 전문적 훈련을 받지 못한 한 열심 있는 일꾼의 글과 기도와 모범을 통하여 일어났습니다. 그의 삶의 모토는 "하나님으로부터 큰 것을 기대하고 하나님을 위하여 큰 일을 시도하라"였습니다.

　그런데, 윌리엄 케리에 관한 책은 많이 있지만, 그의 누이에 관하여 쓴 책은 하나도 없습니다. 그 누가 그녀에 대해 쓰려고나 했겠습니까? 사실, 그녀는 52년 동안 거의 전신불수로 지냈기에, "쓸모없는" 사람이었던 것입니다. 그러나 그녀는 늘 하나님과 가까이 했고 그의 오빠와도 가까웠습니다. 그는 누이에게 여러 권의 문법책, 기초 독본, 사전 등을 만드는 일의 고충과 활자 주조 및 성경 인쇄의 어려움들도 자세히 알려 주었습니다. 그는 또한 문맹을 퇴치하기 위해 신문을 발행하기 시작한 일이라든지, 학교 설립, 교사 훈련, 교회 설립 및 하나님께서 그들에게 주신 새신자들을 돌볼 목사들을 교육하는 일 등에 대해서도 편지로 써 보냈습니다. 그는 런던의 침상에 누워 있는 누이에게 주변의 일을 자세히 써 보냈던 것이고, 매시간, 매달, 그녀는 기도 가운데 이 세세한 사정들을 주님께 아뢰었습니다.

이 놀라운 사람 케리를 통해 쟁취된 승리들을 하나님께서는 누구의 공로로 돌리겠습니까? 하나님께서는 그 상급을 어떻게 분배하실까요? 다윗은 사무엘상에서 이렇게 말했습니다. "이 일에 누가 너희를 듣겠느냐? 전장에 내려갔던 자의 분깃이나 소유물 곁에 머물렀던 자의 분깃이 일반일지니 같이 분배할 것이니라"(사무엘상 30:24). 옛적 이스라엘의 육적인 전쟁에 적용된 이 원리는 우리의 영적 전쟁에도 적용되지 않겠습니까? 침상에 누워 있던 누이는 유명해진 오빠의 상급을 함께 나누게 됩니다. 공학도이든 경영인이든 혹 주부이든 상관없이, 기도하는 사람은 자기 가정이나 고국을 떠나지 않고도 세계를 변화시키는 영향력을 발휘하며 풍성한 보상을 받습니다. J. O. 프레이저는 이렇게 썼습니다.

> 우리 중 대부분은 걸어서는 선교지에 갈 수 없지만, 무릎 꿇고는 갈 수 있습니다. 중국에서든 인도에서든 혹은 미국에서든, 견고하고 지속적인 선교 사역은 기도에 의하여 성취됩니다.

하나님께서 우리에게 기도하라고 권유하실 때 우리는 아주 특별한 기회를 부여받은 것입니다. 기도는 우리 환경을 바꾸고, 우리의 삶을 변화시키며, 크고 놀라운 일을 하게 합니다. 기도는 이 세상을 위한 하나님의 크신 목적들을 이루는 데 우리가 직접 참여할 수 있는 기회입니다. 무엇 때문에 우리는 이 세상에 살고 있습니까? 하나님께서 마음 속에 품고 계신 세상, 즉 하나님을 떠나 죄에 빠져 신음하는 곤고한 세상을 구원하기 위해 세상을 마음에 품고 복음을 전파하는 일에 드려지기 위해서가 아니겠습니까?

이 책의 목적

나는 이 책이 당신에게 동기를 불러일으키고 당신의 이해를 깊게 해주길 기도합니다. 그러나 무엇보다도 나는 이 책이 당신으로 하여금 기도하도록 도와주리라 믿습니다. 이 책은 기도하는 마음으로 숙고할 때 반드시 그만한 유익을 안겨 줄 것입니다. 처음부터 끝까지 빨리 읽어 나가기로 했다면, 다 읽은 후에 다시 처음으로 돌아와 이 책을 실제적 지침서로 삼도록 하십시오. 한 번에 한 장을 읽고 다음 장으로 나가기 전에 그 진리들을 실제로 적용해 보도록 하십시오. 제I부와 II부의 각 장에는 1주 정도의 시간을 할애하고, 제III부의 대부분의 장에는 2주의 시간을 할애하십시오. 이렇게 할 때 성서적 원리들과 각 장에 나오는 실제적 제안 사항들이 당신의 삶 속에 확고히 세워지게 됩니다. 이 제안들은 대부분 잠시 멈추어 즉시 기도하도록 격려해 줌으로써 당신이 바로 전에 읽은 내용들을 실천하도록 해줍니다.

주님의 도우심을 따라 기도의 성서적 원리들과 이 책에서 제시한 제안들을 적용해 나갈 때 당신은 더욱더 효과적으로 기도하게 되고, 필경은 이 세상에 영향력을 발휘하는 사람들 중의 하나가 될 수 있을 것입니다.

오늘날 세상의 위대한 사람들은 기도하는 사람들입니다. 나는 기도에 대해 이야기하는 사람들이나 기도의 능력을 믿는다고 말하는 사람들이나 기도에 대해 설명할 수 있는 사람들을 말하는 것이 아니라, 오직 **시간을 내어** 실제로 **기도하는** 사람들을 가리키는 것입니다. 누구나 시간이 없기는 마찬가지입니다. 다른 어떤 일에서 시간을 떼어 내야 합니다. 이 어떤 일이란 중요합니다. 매우 중요하며 긴급합니다. 그러나 기도보다는 덜 중요하고 덜 긴급합니다.[1]

주:
1. S. D. Gordon, *Quiet Talks on Prayer* (Grossett and Dunlap, 1904), page 12.

제 I 부
기도의 원리들

하나님께서는 우리가 확신을 가지고 효과적으로 기도하길 원하시며, 또 그 방법을 보여 주십니다. 제I부에서는 기도의 두 기초와 그 세 가지 조건에 각별한 관심을 집중시키면서 효과적인 기도의 필수 요소들에 대해 설명하고자 합니다.

1
기도를 들어주시는 하나님

> 그대 왕 앞에 나아가네.
> 큰 소원을 가지고 나아가네.
> 그의 은혜와 능력이 어찌 크지
> 못 들어줄 것이 전혀 없네.
> ―옛 찬송가에서

기도를 통해 우리가 나아가는 이 왕은 누구십니까? 그는 영원하신 하나님이시며, 창조주요, 우주 만물을 붙들고 계시는 분입니다. 그는 대우주를 다스리시며, 온갖 종류의 별들로 각각의 궤도를 따라 운행케 하시고 각각의 별들에 이름을 주사 부르시는 분이십니다. 그는 또한 미시적인 우주도 지배하사 우리 몸 각 세포 속의 각 원자를 붙잡고 계십니다. 그는 우리의 머리카락 숫자도 헤아리고 계십니다. 그는 우리에게 관심을 가지고 계십니다. 초대교회 교부 중의 한 사람인 어거스틴은 이렇게 외쳤습니다. "그는 우리 한 사람 한 사람을 마치 세상에 하나밖에 없는 것처럼 사랑하십니다."

이러한 하나님 앞에 우리가 가지고 나아가는 소원들은

아뢰기에 너무 큰 것도 없고 너무 작은 것도 없습니다.

하나님은 구체적인 기도에 응답하신다

로렌스 팬토우는 일본에서 겨울을 보내기 위해 그의 고향 열대의 나라 인도네시아를 떠날 준비를 하고 있었습니다. 주님을 섬기기 위해 훌륭한 직장을 그만둔 터라 돈은 별로 없는데 필요한 것은 많았습니다. 그래서 그는 구체적으로 필요한 것들을 위하여 부유하시고 후하신 하늘에 계신 아버지께 기도했습니다.

로렌스가 반둥을 떠나기 직전에 선교사인 한 친구가 필요한 게 없는지 물어 왔습니다. 그는 일본에서는 정장을 해야 하므로 이에 필요한 흰 와이셔츠와 넥타이, 열대 지방의 샌들을 대신할 구두, 그리고 특히 인도네시아에서는 희귀한 따뜻한 오버코트 등을 위해 기도했는데, 하나님께서 이것들을 하나하나 다 공급해 주셨다고 자초지종을 이야기했습니다. 막 작별 인사를 하려고 할 때, 그 선교사는 자기에게 쓰지 않는 여행용 가방이 있는 것이 생각났습니다. "이거 쓸 수 있겠나? 우리는 필요 없다네."

로렌스는 미소를 지으며 대답했습니다. "아, 그건 내 기도 제목의 맨 마지막에 있는 것이네. 주님께 기도했던 다른 물건들을 가지고 다니는 데 꼭 필요한 것일세." 아무 도움이 없는 상태에서 즐거운 마음으로 하나님을 의지한 로렌스는 하나님이 실로 풍성하신 분임을 발견했습니다.

하나님께서는 기도를 들어주십니다. 필요한 것들을 구

체적으로 구한 로렌스의 기도에 응답하신 하나님은 우리에게도 그처럼 해주시길 간절히 바라십니다. 그는 청천벽력과 같이 우리를 깜짝 놀라게 하는 엄청난 시련 가운데서나, 은근히 우리를 성가시게 하는 근심거리 가운데서도 자신의 능력을 나타내시길 갈망하십니다. 그의 크신 능력이 감당 못할 정도로 큰 필요는 없으며, 그의 섬세한 사랑이 미치지 못할 만큼의 작은 필요도 없습니다. 사도 바울이 빌립보 성도들에게 말한 그대로입니다. "아무것도 염려하지 말고 오직 모든 일에 기도와 간구로 너희 구할 것을 감사함으로 하나님께 아뢰라"(빌립보서 4:6).

하나님께서 기도에 응답하실 수 있는 이유는 그가 친히 만물을 다스리시는 최고의 통치자이시기 때문입니다. 세상에서는 군림하기는 하나, 통치하지는 않는 왕들이 있지만, 하나님은 군림하시는 **동시**에 통치도 하십니다. 그는 온갖 세상사와 우리 각자의 삶을 다 주관하시며, 우리가 요청하기만 하면 우리의 유익과 자신의 영광, 그리고 복음의 확장을 위해 행동하시고 개입하시고 시행하실 준비가 되어 있습니다(빌립보서 1:12 참조). 그는 기도가 바로 그의 도우심을 보장하고 그의 능력의 손을 움직이는 길이라고 선언하셨습니다. 그러므로 우리는 질병, 실패, 좌절, 혹은 경제적 곤경 가운데서도 기도할 수 있으며, 그때 인간의 이해력을 초월하는 그의 평강을 경험할 수 있습니다. 기도를 통하여 우리는 하나님의 사랑의 빛이 우리 삶에 비치도록 창문을 열 수 있고, 그의 풍요로운 공급을 받을 수 있도록 손을 펼 수 있으며, 그가 우리 속에 임재하사 능력으로

옷 입혀 주시도록 우리 마음을 열 수 있습니다. 또한 기도를 통하여 우리는 하나님께서 기도에 응답하실 수 있도록 통로를 만들어 드리게 되는데, 이 기도 응답은 하나님께도 우리에게도 다 중요합니다.

S. D. 고든은 오랫동안 하나님의 존재를 철저히 부정하는 발언을 해온 중서부 출신의 한 하원의원과 면담한 내용을 소개하고 있습니다. 그 의원은 이렇게 말했다고 합니다. "저는 의사당의 제 자리에 앉아 열띤 토론에 귀를 기울이고 있었지요. 말하자면, 결코 영적인 문제를 생각할 때가 아니었습니다. 그때 제게 하나님이 거기서 저를 바라보고 계시며, 그분에 대한 저의 태도를 못마땅하게 여기고 계신 것 같다는 느낌이 들었습니다."

그는 혼잣말로 중얼거렸습니다. "이것 참 우스운 일이군. 내가 정상이 아니긴 아닌가 봐. 하긴 요즘 너무 과로했지. 신선한 공기를 마시며 산책을 하고, 식사를 하고 나면 이 터무니없는 느낌이 없어지겠지."

그러나 식사를 마치고 자기 자리로 돌아왔을 때에 여전히 같은 느낌이 떠나지를 않았습니다. "하나님이 저기서 나를 바라보고 있어." 몇 주 동안 매일 그런 느낌은 계속되었습니다.

그러다가 그는 중서부 지방의 고향으로 돌아오는 기회가 있었습니다.

그는 말했습니다. "반기는 아내와 인사를 나눈 뒤 저는 조용히 쉬고 있었지요. 그때 아내가 다가와 조심스럽게 이야기를 꺼내는 것이었습니다. '여보, 내 친구와 나는 당신이 예수님을 믿어 참으로 진실한 그리스도인이 되도록 기도하기로 약속을 했어요.'" 순간적으로 그는 워싱턴에서의 그 신기한 경험이 생각났습니다.

무관심한 척하면서 그는 언제 "이 기도라는 것"을 시작했는지 아내에게 물어 보았습니다. 그녀는 날짜를 말해 주었습니다.

그는 고든에게 말했습니다. "저는 아내가 말한 그 날짜가 바로 처음으로 그 느낌이 왔던 그때인 것을 금방 알 수 있었지요. 저는 정말 큰 충격을 받았습니다. 저는 참으로 하나님은 존재하지 않는다고 믿고 있었거든요. 그렇지만 변호사인 저는 여기서 한 가닥의 증거를 잡았습니다. 그들 두 여성이 미시시피 강의 둑 위에서, 그들이 기도라고 부르는 그것을 했을 때, 3천 킬로미터나 떨어져 있는 나에게 어떤 일이 일어났던 것입니다."

이튿날 저녁에 그는 아내와 함께 교회에 갔습니다. 예배가 끝날 즈음, 결신을 할 수 있는 기회가 주어지자 그는 통로를 따라 앞으로 걸어 나갔습니다. "매 발걸음이 제겐 전례 없는 일이었습니다. 발걸음을 옮길 때마다 '내가 잘못 생각하고 있었어'라는 생각이 드는 것이었습니다." 그는 결국 무릎을 꿇고 "자신의 완강한 뜻을 더 높으신 분의 뜻 앞에 굴복시키기로 결단을 내렸습니다."[1]

성서적인 기도는 중대한 일과 아울러 사소한 일도 포함합니다. 우리는 사람들이 그리스도께 돌아와 영적으로 성장하도록 기도해야 합니다. 열쇠를 잃어버렸거나 벌레가 나와 성가시게 할 때도 우리는 기도해야 합니다. 하나님은 구체적인 기도에 응답하십니다. 그는 잃어버린 영혼들이 기도로 그에게 나아올 때 구원하십니다. 그는 필요한 자들에게 셔츠와 여행 가방을 주시고 믿지 않는 자들에게 구원을 주십니다.

기도는 간단하고 즐거운 일이다

기도는 요청 사항을 밝히는 그 이상의 것입니다. 그것은 우리 하나님 아버지와 대화하면서 우리 생각과 감정, 우리의 판단, 우리의 의문, 우리의 문제, 우리의 불만 등을 토로하는 것입니다. 또는 죄를 자백하고, 하나님께 순종하는 일에 우리 자신을 드리는 일, 경배, 찬양, 그리고 그의 축복과 공급에 대해 감사하는 일 등이 기도에 포함됩니다.

이야기할 줄 아는 사람이면 기도할 수 있습니다. 기도는 우리가 친구들에게 이야기할 때 하는 것 이상의 무슨 특별한 어휘나 억양을 요구하는 것이 아닙니다. 하나님께 이야기할 때, 격식을 차린 표현을 사용하는 것이 더 마음에 들면 그렇게 하십시오. 하나님은 그런 기도를 즐겨 들으십니다. 혹은 공손하되 일상적인 표현을 더 좋아하는 경우도 하나님은 기뻐하시는데, 이것은 신약성경이 일상적이고 대중적인 헬라어로 기록되었다는 사실과도 부합되는 것입니다. 하나님은 우리 목소리 듣는 것을 아주 기뻐하십니다. 그를 슬프게 하는 것은 우리의 침묵입니다.

기도는 마음속으로 하는 것이든 나직이 소리를 내어 하는 것이든, 아니면 노래로 하는 것이든 크게 외치는 것이든 상관없이, 대개는 말로 이루어지는 것입니다. 그러나 때로는 다만 하나님을 고요히 기다리는 순간도 기도입니다. 때때로 기도란 하나님 앞에 우리 마음을 쏟아 놓으며 불평, 의문을 늘어놓거나 간청을 되풀이하는 것이기도 합니다(시편 62:8 참조). 종종 우리는 일하는 도중이나 길을 가면서 간단히, "주님, 어찌해야 할지 모르겠습니다. 도와주십시오," 또는 "아버지, 감사합니다. 아주 잘 되었습니다" 하고 기도할 수도 있습니다. 참된 기도를 할 때는 언제나 마음이 하나님을 향하는 것입니다.

간구한 것들에 대한 구체적인 응답을 경험할 때 기도는 우리에게 크나큰 즐거움을 안겨 줄 수 있습니다. "구하라. 그리하면 받으리니 너희 기쁨이 충만하리라"(요한복음 16:24). 그러나 기도할 때 우리가 얻게 되는 내적 유익들은 더욱 큰 즐거움을 안겨 줍니다. 기도를 통하여 우리는 하나님을 더욱 잘 알게 되고 우리의 가치관은 변화합니다. 그는 우리의 "지극한 기쁨"(시편 43:4 참조)이 되시며, 그의 뜻을 행하는 것은 우리의 가장 큰 즐거움이 됩니다.

기도 가운데 하나님과 교제함으로써 우리 성품이 변화합니다. 달이 가고 해가 바뀜에 따라 그는 우리의 사고, 우리의 태도 및 우리의 행동을 변화시키십니다. 이런 내적이며 주관적인 유익들은 밖으로 드러나는 객관적인 응답들과 합쳐져서 기도의 즐거움을 한층 더해 줍니다. 우리가 처음으로 기도하기 시작할 때는 이런 유익들을 미처 깨닫지 못할지도 모르지만, 그러나 기도 생활을 발전시켜 나감에 따라 반드시 체험하게 되는 것입니다.

기도는 간단하지만 그 기도 생활에 발전이 있기 위해서는 시간과 훈련이 필요합니다. 지름길은 없습니다. 기도 생활에서 자라 가기 위해서는 인내가 필요합니다. 즉각적인 즐거움과 신나는 응답을 경험하지 못한다 할지라도 포기하지 말아야 합니다. 하나님은 기도 생활에 있어서의 즉각적인 성숙을 기대하지는 않으십니다. 대학원 과정부터 배우기 시작하는 어린아이는 없습니다. 당신 자신과 하나님께 대해 인내하십시오.

우리가 영적으로 자라 감에 따라 기도에 대한 이해도 더욱 깊어집니다. 하지만, 기도의 신비들을 완전히 푼 사람은 아무도 없습니다. 다른 여러 가지 일에서와 마찬가지로 충분히 이해하지 못하는 가운데서도 우리는 성공적으로 기도할 수 있습니다. 대부분의 경우, 엔진의 복잡한 구조에 대해 이해하지 못하면서도 자동차의 운전을 배우고, 전기를 이용하면서도 그와 관련된 물리의 법칙들은 모르는 경우가 많습니다. 마찬가지로 우리는 왜 그리고 어떻게 기도가 하나님의 능력의 손을 움직이게 되는지 그 모든 신비를 깊이 헤아리지는 못하지만 효과적으로 기도하는 법을 배울 수는 있는 것입니다.

이제 잠시 멈추어 더욱 효과적으로 기도하는 법을 가르쳐 주시도록 S. D. 고든처럼 주님께 간구해 보지 않으시겠습니까? "주 예수님, 우리에게 기도하는 법을 가르쳐 주소서… 주님은 기도의 양쪽 끝, 곧 이 땅에서 기도하는 것과 하늘 저 위에서 응답하시는 것을 모두 다 아십니다. 가르쳐 주소서."[2]

기도에 대한 확신

기도는 살아 계시고 크신 하나님의 존전에 담대히 나아가 하나님을 즐거워하며 우리의 여러 사정을 아뢰는 놀라운 특권을 부여해 줍니다. 우리는 "(우리의 실패에 대해) 긍휼하심을 받고 때를 따라 돕는 은혜를 얻기 위하여"(히브리서 4:16) 확신 있고 담대하게 그 앞에 나아갈 수 있습니다. 어떻게 우리는 온 우주의 왕이신 거룩하신 하나님 앞에 나아갈 수 있는 그런 자유를 소유하게 되었습니까?

우리 주님 예수 그리스도께서는 죽으심과 부활하심을 통하여 우리의 모든 죄, 곧 과거와 현재와 미래의 모든 죄를 도말해 주셨습니다(히브리서 10:14 참조). 그는 우리 삶 속에 있는 사악한 죄를 아셨고 기꺼이 우리를 대신하여 죄의 형벌을 받으셨습니다. "그가 찔림은 우리의 허물을 인함이요, 그가 상함은 우리의 죄악을 인함이라. 그가 징계를 받음으로 우리가 평화를 누리고, 그가 채찍에 맞음으로 우리가 나음을 입었도다"(이사야 53:5).

하나님을 모르는 자들이 예수님을 십자가에 못 박아 죽였을 때는 악이 승리한 것처럼 보였습니다. 하지만, 사망은 그를 붙잡아 둘 수 없었고 결국 그를 따르는 자들은 기뻐하고 그의 원수들은 당황하게 되었습니다. 하나님께서 그 크신 능력으로 그를 죽은 자 가운데서 살리셨고 그가 하나님의 아들임을 널리 공포하셨습니다. 또한 동일한 능력으로 하나님께서는 예수님을 하늘의 지극히 높고 영광스러운 보좌에 앉히셨습니다.

십자가에 못 박혀 죽으시고 부활하신 그리스도 예수를 믿음으로 말미암아 우리는 하나님의 자녀가 되었고, "나 곧 나는 나를 위하여 네 허물을 도말하는 자니 네 죄를 기억지 아니하리라"(이사야 43:25)고 약속하신 그의 완전한 용서를 받았습니다. 이제 우리는 예수 그리스도로 말미암아 하나님과 온전한 관계를 가지게 되었습니다. 우리가 예수님의 공로를 의지하여 나아가면 그것은 예수님이 직접 간구하시는 것과 마찬가지입니다. 우리는 그를 통하여 하늘나라의 하나님 어전에 거하고 있는 것입니다. "이제는, 한때 밖에 있던 여러분이 그리스도의 피를 통하여… 그리스도 예수 안에 있는 하나님의 사랑의 테두리 안에 우리가 함께 거하고 있습니다… 바로 이와 같은 예수님 안에 있으므로, 즉 우리가 그 안에 있는 믿음을 가지고 있으므로, 우리는 감히, 더욱이 확신까지 가지고 하나님께 나아갈 수 있는 것입니다"(에베소서 2:13, 3:12, 필립스 역).

> 그러므로 이제부터 여러분은 외국 사람이나 나그네가 아니요, 성도와 같은 시민이요, 하나님의 가족입니다(에베소서 2:19, 표준새번역).

기도는 우리로 하여금 새로운 본향에 발을 들여놓고 그 공기를 호흡할 수 있게 해줍니다. 우리에 대한 생각이 떠날 날이 없는 우리 하나님 아버지께서는 우리가 단 몇 분이든 반 시간이든 혹은 오후 한나절이든 상관없이, 그 본향 집을 방문하길 간절히 기다리고 계십니다. 하나님께서는 그의 선물을 아낌없이 내리시고 우리의 모든 필요를 채워 주시기를 간절히 원하시는데, 우리는 이 세상의 오염된 공기를 떠나 우리 본향의 상쾌한 대기 속에서 시간 보내는 일을 어렵게 여겨 영적 아사 직전의 생활을 한다는 것이 참으로 이상하지 않습니까?

주:

1. S. D. Gordon, *Five Laws that Govern Prayer* (Fleming H. Revell, 1925), pages 16-19.
2. S. D. Gordon, *Quiet Talks on How to Pray* (Fleming H. Revell, 1929), page 23.

2

그리스도 안에 거함-기도의 첫째 기초

> 나는 포도나무요 너희는 가지니,
> 저가 내 안에 내가 저 안에 있으면,
> 이 사람은 과실을 많이 맺나니,
> 나를 떠나서는 너희가 아무것도 할 수 없음이라.
> -요한복음 15:5

그리스도 안에 거하는 것과 죄로부터 깨끗케 되는 것은 효과적인 기도의 양대 기초를 형성합니다. 주님 안에 거하는 삶은 성서적인 기도가 흘러나오는 샘이 됩니다. 그리고 깨끗케 하는 것은 죄로 인하여 그 샘이 막히지 않도록 해줍니다.

그리스도 안에 거하라

그리스도 안에 거하는 것은, 하나님을 기쁘시게 하고 응답을 가져오는 기도의 필수 조건입니다. 그리스도 안에 거하지 않고 기도를 발전시키고자 하는 것은 마치 시베리아에서 야자수를 키우려고 하는 것과 같습니다. 그 기후 풍토가 잘못된 것입니다.

그리스도 안에 거한다는 것은 그리스도와 연합된 삶을 사는 것입니다. 그리스도와 지속적이고 긴밀한 관계 가운데 죄로부터 분리된 삶을 사는 것을 의미합니다. 그것은 그의 말씀을 사랑하고 순종하는 것과 밀접한 관계가 있습니다. "너희가 내 안에 거하고 내 말이 너희 안에 거하면 무엇이든지 원하는 대로 구하라. 그리하면 이루리라"(요한복음 15:7).

포도나무가 그 가지에 양분을 공급하여 포도를 맺듯이, 우리가 그리스도 안에 거할 때 주님께서는 효과적인 기도의 삶뿐 아니라 순종하고 열매 맺는 삶을 사는 데 필요한 생명과 힘을 공급해 주십니다.

그리스도 안에 거하는 것은 우리 속에 하나님 자신을 더욱 풍성히 경험하고자 하는 열망이 불타게 합니다. 하나님을 더욱 풍성히 경험하는 것, 이것이야말로 우리가 기도를 통하여 받는 가장 큰 선물입니다. 그 외의 것들은 부차적입니다. 어거스틴은 이렇게 기도했습니다. "제게 주님 자신을 주소서. 주님 없이는, 비록 주님께서 만드신 다른 모든 것을 주신다 해도, 저의 욕망은 충족될 수 없나이다."

그리스도 안에 거한다는 것은 곧 우리가 왕 되신 하나님과 친밀한 교제를 경험하게 되는 것을 의미합니다. 이것은 그의 왕국과 가족의 일원이 되는 최고의 특권입니다.

몇 년 전, 존 리지웨이라는 한 재능 있는 호주 청년이 정부의 추천으로, 호주 왕립 육군 사관학교 입학을 앞두고 있는 태국 왕세자를 개인 교수하게 되었습니다. 존은 태국 왕실 가족과 함께 살았습니다. 그는 태국 국민들 사이에서 거의 무한한 특권을 누리고 숭앙받는 왕실 가족의 일원이 되는 영예를 누렸는데 실로 이것은 비길 데 없는 영광이었습니다. 그는 왕실 가족들과 함께 여행하고 그 궁전에서 살며 그들과 친교를 나누었습니다. 그는 매일 그들과 함께 먹고 그들의 독특한 진수성찬과 연회의 정찬을 즐겼습니다. 그는 왕실의 금은보화와 왕관들을 직접 볼 수도 있었습니다. 그러나 이 특권은 일시적인 것에 불과했습니다. 그는 단기간 머무르는 손님이지 영원한 왕실 가족은 아니었기 때문입니다.

예수 그리스도를 구세주와 주님으로 우리 마음에 영접할 때 그는 우리를 그의 아버지의 가족의 영원한 일원으로 영접하셨습니다. 우리는 온전한 신분과 특권을 가진 왕실 자녀로 태어나, 하나님의 아들 그리스도와 함께한 후사(상속자)가 되었습니다(로마서 8:16-17 참조).

태어남으로써 우리 것이 된 왕족의 특권들은, 우리가 하나님의 말씀 안에서 그것들에 대해 배우며 믿음과 순종을 통하여 그것들을 우리 것으로 만들 때에 실제 삶에서 우리 것이 됩니다. 우리가 주님 안에, 주님이 우리 안에 풍성히 거하면 거할수록, 더 풍성히 주님의 생명을 나누게 되고, 그만큼 더 포도나무의 가지로서, 그의 몸의 각 지체로서, 또한 그의 거룩한 성품에 참여하는 자로서의 모든 유익들을 더 풍성히 누리게 됩니다. 우리는 하루 24시간 동안 항상 주님의 보호와 능력과 인도와 친교를 경험하게 됩니다.

그리스도 안에 거하는 삶이 우리 기도에 어떤 영향을

미칩니까? 우리가 그와의 친밀한 사귐을 발전시켜 나갈 때 그는 우리의 생각하는 바와 원하는 바를 변화시켜 그 자신의 것과 합치되게 하십니다. 그러면 우리는 그가 원하시는 것이 무엇인지를 알고 그것을 갈망하여 그것만을 간구하게 되고, 그는 우리의 기도에 응답해 주십니다. "또 여호와를 기뻐하라. 저가 네 마음의 소원을 이루어 주시리로다"(시편 37:4). 때때로 하나님은 그를 개인적으로 알지 못하는 사람들의 기도도 응답해 주십니다. 그러나 풍성한 기도 응답을 받는 삶은, 우리가 주님 안에 거하며 주님과 매일 교제 가운데서 친밀히 동행하며 즐거이 그를 의지할 때 경험하게 되는 것입니다.

그리스도 안에 거하는 것은 간단하다

골로새서 2:6은 거하는 것 곧 그리스도 안에서 우리 삶을 사는 비결이 무엇인지 보여 줍니다. "그러므로 여러분이 일단 예수 그리스도를 여러분의 주님으로 모셔 들인 이상, 여러분은 지속적으로 그와의 생명적 연합 가운데서 살아야 합니다"(윌리엄스 역).

우리는 어떻게 그리스도를 영접했습니까? 겸손과 믿음을 통해서입니다. 우리는 겸손하게 자신이 죄인인 것과 우리의 행위로는 결코 영생을 얻을 수 없다는 것을 시인했습니다. 의식을 했든 그렇지 못했든 간에 우리는 주님 되신 그리스도 앞에서 교만을 버리고 스스로를 낮추었습니다. 우리는 그가 우리를 구원하신다는 것을 믿고, 믿음으로 그를 영접했고, 그는 우리 마음속에 들어오셔서 죄 사함과 영생을 주셨습니다.

또한 우리는 그를 영접할 때와 동일한 믿음으로 그와 생명적 연합 가운데 거합니다. 우리는 겸손하게 "나를 떠나서는 너희가 아무것도 할 수 없음이라"(요한복음 15:5)고 하신 예수님의 말씀에 동의합니다. 우리 자신의 힘으로는 영원한 가치가 있는 일은 아무것도 할 수 없습니다. 기름 없이는 차가 달릴 수가 없고 전기 없이는 전구가 빛을 낼 수 없듯이, 우리 자신의 힘으로는 하나님을 섬기거나 영화롭게 해드릴 수 없습니다. 자신의 생각과 능력을 의지하면, 우리가 맺는 어떤 "열매"도 포도나무에 붙여 놓은 모조 포도알과 같습니다. 우리 스스로는 참된 영적 열매를 맺을 수가 없습니다.

그러나 하나님께서는 우리가 인생을 "난 아무것도 할 수 없어"라는 식의 태도로 살기를 원하시지 않으십니다. 주님께서는, 우리가 자신의 무능력을 핑계 대며 힘없이 사는 것이 아니라, 바울처럼 믿음으로 그리스도 안에서 우리의 확신하는 삶을 살기를 원하십니다. "내게 능력 주시는 자 안에서 내가 모든 것을 할 수 있느니라"(빌립보서 4:13).

그리스도 안에 거하는 삶의 기초는 우리의 믿음입니다. 즉 그리스도께서 우리에게 능력과 승리를 주시며, 우리를 인도해 주시고, 우리로 주님께 쓰임받게 해주실 것을 굳게 확신하는 것입니다. 그리스도 안에 거하는 것은, 자기 힘으로 살아가는 것이 아니라 주님의 능력을 의지하는 것입니다. 그것은 날마다 우리를 괴롭히는 문제와 곤경 중에서도 주님 안에서 마음의 평안을 잃지 않고 안식을 누리는 것을 의미합니다. 또한 그것은 자신이나 환경 혹은 사탄이 아니라, 그리스도께서 매사를 주관하고 계신다는 확신을 가지고 생각하고 행동하는 것을 의미합니다. 그 안에 거하면, 부족하기만 한 자신의 힘으로 어떤 일을 해내려고 안간힘을 쓰거나 계략을 쓸 필요가 없으며, 방해를 받거나 모욕과 부당한 대우를 받아도 보복할 필요가 없습니다.

그리스도 안에 거한다고 해서 열심을 낼 필요가 없다거나 주의 깊게 계획을 세울 필요가 없다는 말은 아닙니다. 또한 그리스도 안에 거한다고 해서 언제나 고난 없는 형통한 환경이 보장되는 것은 아닙니다. 그 안에 거함으로써 우리는 우리 마음을 가득 채운 주님이 주신 평강 가운데 매일의 삶을 영위할 수 있게 됩니다. 부정적인 여러 환경에도 불구하고 내적 안식을 누리게 해줍니다. 그리스도 외에 다른 어떤 것이나 어떤 사람을 의지하여 우리 자신의 일과 주님의 일을 이루고자 할 때 생기는 내적인 압박감과 염려의 소용돌이에 휘말리지 않을 수 있게 됩니다.

그리스도 안에 거하는 삶은 단순히 그를 의뢰하고 우리 자신을 의뢰하지 않는 데 토대를 두고 있습니다. 그러한 믿음과 겸손은 앤드류 머리가 말한 것처럼 우리에게 내적 안식을 안겨 줍니다.

겸손은 마음의 완전한 평온을 의미합니다. 결코 초조해 하거나 슬퍼하거나 실망하지 않는 것입니다. 아무것도 기대하지 않으며 내게 이루어진 일에 대해 결코 의아해

하지 않는 것입니다. 아무도 나를 칭찬해 주지 않을 때나 내가 비난과 멸시를 당할 때도 평안을 잃지 않는 것입니다. 주위가 온통 골칫거리로 싸여 있을 때도, 평안과 쉼을 약속하신 주님 안에서 복된 안식을 누리는 것입니다.

하나님의 말씀을 통하여 우리는 겸손과 믿음의 자세를 지속적으로 유지합니다. 그가 말씀하시는 것을 계속적으로 배우고 순종해 나갈 때 그리스도 안에 거하는 삶은 더욱더 견고해집니다. 그러나 그의 말씀을 섭취하면서도 여전히 평안과 쉼을 누리지 못하는 때가 있는데 그 원인은 그가 보여 주신 진리들을 믿음으로 의지하지 않은 데 있습니다. 거듭거듭, 어떤 필요를 느낄 때마다(하루를 시작할 때, 새로운 일을 시작할 때, 실수를 자백할 때 등) 우리는 그를 우리의 생명과 충분한 자원으로 의뢰하기로 작정해야 합니다.

허드슨 테일러는 헌신된 선교사요 중국 내지 선교회의 회장이었음에도 불구하고 자신이 어둠과 좌절 속을 헤매며 거룩한 삶을 위한 싸움에서 실패하고 있음을 알았습니다. 자신에게 필요한 모든 것이 그리스도 안에 있음을 잘 알고 있었지만 그것을 어떻게 하면 그리스도로부터 자기에게로 옮겨 올 수 있을까 하고 고심했습니다. 그러다가 어느 날 그 방법은 분명해졌습니다. 그는 우리가 자의적인 자기 노력에 의해서가 아니라 잠잠히 주님을 의지하는 믿음에 의해, 즉 그리스도께 우리 눈을 고정시킴으로써, 그리스도 안에 거한다는 것을 깨달았습니다(히브리서 12:2).

테일러는 그의 동역자들을 모아 놓고 말했습니다. "나는 그리스도와 한 몸입니다. 그로부터 충만을 이끌어 내려고 한 것은 아주 터무니없는 실수였습니다. 나는 그의 한 부분입니다. 우리 각자는 그의 몸의 한 지체, 곧 포도나무의 가지입니다."[1]

나중에 누이에게 쓴 편지에서, 그는 항상 그와 함께하시고 또 그 안에 계셔서 모든 필요를 채워 주시겠다고 하신 예수님의 약속과 변함없는 성실하심을 깨닫게 되었을 때 그에게 흘러넘친 기쁨과 평강에 대해 이야기했습니다. 이어 그는 다음과 같이 적었습니다.

나는 예수님이 결코 나를 떠나지 않으신다는 사실뿐 아니라 내가 그의 몸, 곧 그의 살과 뼈의 한 부분임을 알게 되었다. 포도나무는 뿌리만으로 이루어진 것이 아니라 줄기, 굵은 가지, 잔가지, 잎, 꽃, 열매 등 **전부**가 포도나무인 것이다. 게다가 예수님은 또 그것들뿐만이 아니다. 그는 흙과 햇볕, 공기와 비이기도 하시며, 우리가 꿈꾸거나 바랐던 것이나 필요로 했던 것보다 수천 배 이상이나 크신 분이다…

오 나의 사랑하는 누이여, 부활하사 높은 곳에 앉으신 우리 구세주와 참으로 하나가 된다는 것은 놀랍기만 한 일이다… 나는 이것을 알기 때문에 이제는 걱정되는 것이 없다. 왜냐하면 내가 알기로, 그는 자신의 뜻을 이루실 수 있는데, 그의 뜻이 곧 나의 뜻이기 때문이다… 그의 자원이 있기에 이제는 어떤 위기 상황이 닥쳐도 두려움은 없다! 그의 자원은 나의 것이다. 왜냐하면, 그가 곧

나의 것이요, 나와 함께하시고, 또한 내 안에 거하시기 때문이다.[2]

몇 년 후, 사람들이 테일러에게 그리스도 안에 거하는 것을 항상 의식하고 있는지 물었습니다. 그는 이렇게 대답했습니다. "지난밤 내가 당신 집에서 자면서 그 사실을 의식하지 않았다 해서 내가 당신 집에 거하지 않았다고 할 수 있겠습니까? 결코 우리는 그리스도 안에 거하지 않는다고 생각해서는 안 됩니다."[3]

그리스도 안에 거하면 그는 우리에게 능력을 주셔서 하나님의 뜻을 행하고 열매 맺을 수 있게 해주십니다. 이를 위해서는 지속적인 기도, 부지런한 성경공부, 그리고 열심 있는 섬김의 삶을 살아야 합니다. 그러나 이런 일들을 자기 힘으로 하려고 씨름하면 도리어 무거운 짐이 됩니다. 자기를 의지하지 말고 주님의 도우심을 구해야 합니다. 그럴 때 우리는 참된 안식을 누리고 그리스도를 닮아 가게 되며, 그 결과 하나님을 영화롭게 하는 삶을 살게 됩니다.

만약 온전히 그 안에 거하는 삶을 갈망해 왔지만 지금까지 무위에 그쳤다면, 이제 자신의 필요에 대해 정기적으로 기도하기 시작하십시오. 단순한 믿음으로 그리스도 안에 거하는 법을 깨닫도록 도와달라고 주님께 기도하십시오. 또 당신 눈을 멀게 하거나 포도나무로부터 오는 강력한 생명력을 차단하는 어떤 죄가 당신 안에 있는지 보여 달라고 간구하십시오.

어쩌면 하나님께서는 자기 연민 혹은 분을 품고 용서하

지 않는 태도 등의 습관적인 죄로부터 당신을 구해 내고자 기다리고 계시는지도 모릅니다. 우리 인격에 그런 태도들이 스며들어 있으면 흔히 우리는 그것들을 보지 못하게 됩니다. 또는 독립적인 자세나 "나를 떠나서는 너희가 아무것도 할 수 없음이라" 하신 진리에 굴복하지 않는 자만심 따위가 장애물이 되기도 합니다. 하나님께 당신의 영적 분별력을 예리하게 해주시고, 당신의 마음을 살피시며, 그가 온전히 당신을 다스리지 못하도록 가로막는 장애물을 제거해 달라고 기도하십시오. "구하는 이마다 받을 것이요, 찾는 이가 찾을 것이요, 두드리는 이에게 열릴 것이니라"(누가복음 11:10).

위 문단을 다시 음미하면서, 자백하고 깨끗케 할 것이 있는지 보여 주시도록 하나님께 구하십시오. 하나님께서 당신이 더욱 온전히 그리스도 안에 거할 수 있게 해주심에 따라 사도 요한의 말이 당신 삶에 실현될 것입니다. "사랑하는 자들아, 만일 우리 마음이 우리를 책망할 것이 없으면 하나님 앞에서 담대함을 얻고 무엇이든지 구하는 바를 그에게 받나니 이는 우리가 그의 계명들을 지키고 그 앞에서 기뻐하시는 것을 행함이라"(요한일서 3:21-22).

주:

1. John Pollock, *Hudson Taylor and Maria* (Zondervan Publishing House, 1962), page 198.
2. Dr. and Mrs. Howard Taylor, *Hudson Taylor's Spiritual Secret* (London: China Inland Mission, 1935), pages 115-116.
3. Taylor, page 116.

3

깨끗케 함-기도의 둘째 기초

> 내가 이르기를
> 내 허물을 여호와께 자복하리라 하고
> 주께 내 죄를 아뢰고 내 죄악을 숨기지 아니하였더니
> 곧 주께서 내 죄의 악을 사하셨나이다.
> —시편 32:5

그리스도 안에 거하는 것은 지속적으로 깨끗케 하는 일에 달려 있습니다. 오직 예수님만이 완벽하게 하나님 안에 거하는 삶을 사셨고 용서받을 필요가 없으셨습니다. 우리 각 사람은 그와의 친밀한 관계를 유지하기 위해 늘 죄의 용서를 받고 새로워질 필요가 있습니다.

당신에게 개구쟁이 꼬마가 있어 당신의 말도 듣지 않고 비 오는 날 밖에 나가 놀다가 진흙투성이가 되어 들어온다고 해도 그 애가 당신의 가족의 자격을 잃는 것은 아닙니다. 하지만, 당신은 그 애를 불러서 바로 가족들과 한자리에 앉아 저녁 식사를 하게 하지는 않습니다. 먼저 해야 될 일이 있습니다. 깨끗케 하는 일, 즉 다시 자녀로 받아들이거나 다시 태어나는 것이 아니라 단지 씻는 일이 필요합니

다. 비누와 물과 깨끗한 옷이 풍부하게 준비되어 있어 그 애는 씻기만 하면 가족들과의 식사 교제에 참여할 수 있는 것입니다.

우리도 마찬가지입니다. 죄는 우리와 하나님과의 교제를 파괴합니다. 우리의 영원한 관계를 파괴하는 것은 아니지만, 우리가 깨끗케 되기까지는 하나님과 함께하는 교제의 즐거움을 빼앗아 가버리는 것입니다. "자기의 죄를 숨기는 자는 형통하지 못하나 죄를 자복하고 버리는 자는 불쌍히 여김을 받으리라"(잠언 28:13).

죄는 분열과 파괴를 가져온다

빨리 자복하고 버리지 않으면 죄는 제반 관계를 와해시키고 손상시킵니다. 계략의 명수인 사탄은 이 죄를 쐐기로 사용하여 가족, 성경공부 그룹, 선교 팀, 각종 위원회, 심지어 교회까지도 분열시킵니다. 그것은 사소한 것에서 시작해 마침내는 우리와 다른 사람들과의 조화로운 관계뿐만 아니라, 하나님과 우리의 친밀한 교제와 효과적인 기도도 망쳐 놓게 됩니다.

우리 교회의 한 부인은 여러 해 동안 걸음걸이가 불편했는데 그 정도가 점점 심해 갔습니다. 그러던 어느 날 그녀는 만면에 미소를 띠고 성경공부에 나왔습니다.

"워렌 형제님, 참 놀라운 일이에요. 지난주에 수술을 받았는데 10년 만에 처음으로 기분 좋게 걷게 되었거든요" 하고 그녀는 말했습니다.

"10년 만에요?"

"그래요. 그간 발의 통증이 점점 더 심해져서 마침내는 절뚝거리기까지 하게 되었어요. 하지만, 병원에 가는 것이 무서워서 버틸 수 있을 때까지 수술을 연기해 왔어요. 바보같이 그토록 오랫동안이나 미뤄 온 것이지요. 그 지긋지긋 하던 티눈을 없애고 나니 이제는 날아갈 것 같아요."

때로 우리는 죄가 우리 삶 속에 여러 해 동안 자리 잡게 내버려 두기도 합니다. 우리가 그 아픔을 무시하고 필요한 수술을 미루면 미룰수록, 우리의 영적 활력은 그로 말미암아 소멸되어 버리고 우리 인격도 파괴되어 끝내는 쓸모없는 사람이 되어 버립니다.

내 친구 하나는 27년 동안이나, 결국 무섭게 자라 쓴뿌리가 된 증오심과 자기 연민에 빠져 영적 황무지에서 살아왔습니다. 그가 증오심을 품은 데는 그럴 만한 이유가 있었습니다. 그러나 그의 용서할 줄 모르는 마음으로 인하여 하나님과의 교제가 시들고, 그리스도인으로서의 능력 있는 삶은 사라졌으며, 결혼 생활은 파탄에 이르고, 자녀들까지도 큰 상처를 입게 되었습니다. 자신의 태도에 대해 타당한 근거가 있었다 치더라도, 그는 어쨌든 자신이 옳다고 여겨 온 27년간의 삶을 낭비해 버린 셈인데, 이는 너무나 엄청난 대가입니다.

현재 그는 자기 속에 감추어져 있었던 쓴뿌리라는 죄를 시인하고 관계들을 분리시키고 있던 장벽을 허물어 버림으로써 자유를 찾았고 원래의 올바른 삶을 되찾게 되었습니다. 그는 다시 하나님과의 따뜻한 교제를 경험하고 있고,

아내와도 다시 합하게 되었으며, 오히려 다른 사람들을 돕는 일에 크게 쓰임받고 있습니다.

시인하지 않고 자백하지 않은 죄는 우리의 영적 발전뿐만 아니라 감정적인 건강도 저해하여 그 결과 육체적 건강까지 해칩니다. 권위 있는 건강 문제 전문가들은 많은 질병의 보다 심층적인 원인은 삶에 대한 우리의 감정적 반응에 있다고 보고 있습니다. 쓰디쓴 증오심이 오래 머물면 뇌에 손상을 줄 수 있고 심장 질환, 고혈압, 심한 소화 불량 증세를 유발할 수 있는데 이 모두가 치명적인 것들입니다. 결국 다른 사람을 미워하는 것은 섬세한 인간 육체의 메커니즘을 의도적으로 파괴하는 행위인 것입니다.

"자기의 죄를 숨기는 자는 형통하지 못합니다"(잠언 28:13). 죄는 우리와 하나님 사이, 그리고 우리와 다른 사람들 사이에 장벽을 만듭니다. 우리가 범한 죄를 대수롭지 않게 생각하거나 숨기면 그 장벽들은 거의 난공불락의 벽이 될 수가 있습니다. 그런 장벽들은 그 너머의 사람들에게만 아니라 벽을 세운 자신에게도 그만큼 해를 끼치게 됩니다. 우리가 기꺼이 죄를 시인하고 용서를 구할 때, 장벽들은 무너지고 우리는 치료와 축복의 길을 가게 됩니다.

죄는 기도를 방해한다

죄는 우리와 하나님 사이의 친밀한 관계를 파괴하는데, 왜냐하면 하나님께서는 우리가 알면서도 그가 싫어하시는 어떤 것을 계속할 때 우리 기도를 듣지 않으시기 때문입니다(시편 66:18 참조). 죄는 하나님의 뜻을 알고 그 뜻을 따라 기도하고자 하는 우리의 열망을 소멸시킵니다. 죄는 우리 기도에 응답하시는 하나님의 밝은 얼굴을 가리는, 걷히지 않는 먹구름입니다.

이사야 시대의 하나님의 백성들은 자신들이 열심히 기도했는데도 왜 하나님께서 모르는 척하시는지 의아해했습니다(이사야 58장 참조). 선지자 이사야는 그 이유를 알았습니다. 그는 그들의 비판적인 태도, 다른 사람들에 대한 강포, 다툼과 불화, 굶주리거나 고통 중에 있는 사람들의 필요를 채워 주지 않고 몸을 사리는 것 등을 지적했습니다. 그는 결코 하나님이 귀가 둔하여 듣지 못하시거나 능력이 없어서 응답치 못하시는 것이 아니라 그들의 죄가 기도를 가로막아 듣지 않으시게 한다는 사실을 일깨워 주었습니다(이사야 59:1-2 참조). 이사야가 처방해 준 해결책은 그들이 죄로부터 돌이키는 것이었습니다. "(그렇게 하면) 네가 부를 때에는 나 여호와가 응답하겠고, 네가 부르짖을 때에는 말하기를 '내가 여기 있다' 하리라"(이사야 58:9).

사도 베드로는 비성서적인 남편-아내 관계 또한 기도를 막히게 한다고 지적합니다. 그는 남편 된 이들에게 사려 깊게 배려하고 이해하면서 아내와 동거하고 그녀를 귀히 여기라고 권하고, "이는 너희 기도가 막히지 아니하게 하려 함이라"(베드로전서 3:7)고 했습니다. 남편은 그리스도와 같은 사랑으로 아내를 소중히 여길 막중한 책임이 있습니다. 이것은 효과적인 기도를 발전시켜 줍니다. 아내들 또한 가정의 화목과 응답받는 기도를 위해서는 하나님의 법을 따라 남편들을 따르고 복종해야 합니다(에베소서 5:22-33 참조).

하나님의 깨끗케 하심을 받음

내 친구 하나는 결혼식 주례를 설 때마다 신혼부부에게 앞으로 함께 살아가면서 다음과 같은 말을 하는 데 주저하지 말도록 권면하곤 합니다. 내가 잘못했소. 용서해 주겠소? 네 마디에 불과한 말이지만 어쩌면 결혼 생활에서 가장 하기 어려운 말일지도 모릅니다. 이 교훈이 결혼 전에는 그리 요긴한 것으로 생각되지 않을지도 모르지만 머지않아 부부는 그 중요성을 발견하게 됩니다.

우리가 깨끗케 함을 받을 필요가 있을 때 그 첫 단계는 하나님께 용서를 구하는 것입니다. 이렇게 할 때 내적 압박감과 긴장이 얼마나 신속히 완화되는지 놀랍기만 합니다. 수개월 동안 자신이 신경 쇠약에 걸리지 않을까 두려워해 오던 미얀마의 한 젊은이는 마침내 하나님께 자신의 죄를 솔직하게 시인하고 용서해 주시도록 기도하였습니다. 얼마 후 그는 기쁨이 넘쳐 "하나님께서 제 정신을 다시 온전케 해주셨습니다"라고 말했습니다. 감정의 치료를 위한 첫 단계의 조치를 취하였을 때 그는 깨끗하게 되고 내적 압박으로부터 벗어났던 것입니다.

이 장 첫머리에 인용한 시편 32:5은 자백이 얼마나 간단한 일인지 잘 보여 주고 있습니다. 복잡한 의식을 행할 필요가 없이 단지 죄를 숨기기를 그치고 그것을 주님께 고하기만 하면 됩니다. 자신을 옹호하거나 변명하지는 마십시오. 당신이 행한 일을 그대로 하나님 앞에서 시인하고 그것을 죄로 인정하고 그의 용서를 구하십시오. "만일 우리가 우리 죄를 자백하면 저는 **미쁘시고 의로우사** 우리 죄를 사하시며 모든 불의에서 우리를 깨끗케 하실 것이요"(요한일서 1:9).

하나님은 미쁘십니다. 그는 약속을 지키시며 우리가 그와의 친밀한 교제를 회복하기를 간절히 바라십니다. 우리가 우리 죄를 시인하고 그의 깨끗케 하심을 받을 때, 그의 완전한 미쁘심은 우리 인격이 죄로 오염되지 않을 것을 보증해 주는 것입니다.

또한 우리 모든 죄에 대한 빚 전체가 십자가 위에서 갚아졌기 때문에 하나님께서는 당연히 우리 허물을 용서하시고 잊으실 수 있는 것입니다. 하나님께서는 사실 우리를 의롭게 하시려고 죄 없으신 그의 아들에게 우리의 죄를 대신 지우셨습니다(고린도후서 5:21 참조).

우리가 그리스도 안의 영원한 생명을 받아들이고, 그와 동시에 완전한 용서도 받았을 때, 역사상 가장 위대한 교환이 이루어졌습니다. 우리는 우리의 부패를 그의 순전하심과, 우리 불치의 병을 그의 영원한 생명과, 우리의 소외를 그의 따뜻한 환영과 교환했습니다.

이제 결코 하나님은 우리에게 죗값을 치르라고 하시지 않습니다. 더 이상 해야 할 것이 없으며 더 지불할 것도 없습니다. 하나님이 다시 두 번째 지불을 요구하신다면 그것은 부당한 것이며, 혹 우리 쪽에서 어떤 식으로든 그렇게 하려고 한다면 그것은 도리어 하나님을 슬프게 만드는 것입니다. 우리는 다만 하나님과의 교제를 파괴한 구체적인 죄를 용서해 주시도록 하나님께 구하기만 하면 하나님은 우리를 깨끗하게 하시고 교제를 회복시켜 주십니다. 우리는 이러한 용서를 받을 자격이 없습니다. 우리의 노력으로 그것을 얻으려 할 필요도 없습니다. 다만 미쁘시고 의로우신 하나님의 공급과 약속 때문에 우리 것입니다.

예수님께서는 요한복음 13장에서 제자들의 발을 씻기시면서 겸손한 섬김뿐만 아니라 완전한 영적 씻음에 대해서도 가르치셨습니다. 예수님께서 손수 종의 차림을 하고 자신의 발을 씻기려 하시자 베드로는 반대했습니다. 그러나 그리스도께서는 "내가 너를 씻기지 아니하면 네가 나와 상관이 없느니라"(요한복음 13:8)고 경고하셨습니다. 그러자 베드로는 온 몸을 다 씻어 주시도록 요청했습니다. 이때 그리스도께서는 발 씻기는 그 일에 내포된 영적 교훈을 깨닫게 해주셨습니다. "이미 목욕한 자는 발밖에 씻을 필요가 없느니라. 온 몸이 깨끗하니라. 너희가 깨끗하나 다는 아니니라"(요한복음 13:10).

그 제자들 중 하나는 영적으로 깨끗하지 못했습니다. 제자들의 교제와 여러 활동에 함께하긴 했지만, 유다에게는 깨끗케 되는 데 필요한 그리스도에 대한 믿음이 없었습니다. 나머지 제자들은 영적으로 깨끗케 하심을 받았기 때문에 2차나 3차나 4차의 영적 목욕, 즉 다시 태어나는 일이 필요 없었습니다.

우리도 거듭났기 때문에 완전히 깨끗합니다. 우리는 다

만 매일의 삶에서 더럽혀진 부분을 씻기만 하면 됩니다. 우리는 필요할 때마다 주님을 향하여 "제가 잘못했습니다. 용서해 주십시오"라고 말씀드리기만 하면 되는 것입니다.

언젠가 내게도 하나님께서 내가 단지 구하기만 하면 정말로 나를 용서해 주실까 하는 의심이 생겼던 적이 있습니다. 그건 너무 쉬워 보였습니다. 적어도 일시적이나마 나 자신의 진실을 입증해 드리기 위한 어떤 행동을 취할 필요가 있지 않을까? 이것이 좀 더 논리적인 것처럼 보였습니다. 하지만, 나의 이 "합리적인" 생각을 버렸을 때 얼마나 자유로움을 느꼈는지 모릅니다. 사실 그 생각은 하나님의 말씀과 상반되는 것이었습니다. "이미 목욕한 자는 발밖에 씻을 필요가 없느니라."

발 씻는 일을 통해 상징적으로 표현된 영적으로 씻는 일은 간단한 기도만 하면 됩니다. "아버지, 저의 불평하는 마음을 용서해 주십시오." "저의 깨끗하지 못한 생각을 용서해 주십시오." "주님을 의심한 것을 용서해 주십시오." 그렇게 하면 그의 약속에 의거하여 우리는 깨끗케 되고 교제를 회복하게 됩니다.

죄책감 없이 살기 위해, 또 담대하게 기도하기 위해, 자백해야 할 어떤 죄가 있습니까? 주님께 보여 주시길 구하고, 곧 자백하여 깨끗하게 되십시오. 수잔나 웨슬리의, 죄에 대한 정의가 도움이 될 것입니다.

당신의 이성을 약하게 하고, 당신의 고운 양심을 손상시키며, 하나님에 대한 감각을 흐리게 하거나, 혹은 영적인 일들에 대한 흥미를 앗아가는 모든 것, 간단히 말해서, 당신의 이성보다 육체의 힘과 권력을 강화시키는 모든 것은 당신에게 죄가 됩니다.

자백은 겸손을 필요로 한다

많은 죄는 다만 하나님께 대해 범한 것이며 하나님께만 자백하면 됩니다. 만약 다른 사람들과도 관련된 죄라면 우리는 관련된 각 사람(우리 죄의 영향권 밖에 있는 사람들은 제외)에게 찾아가 "제가 잘못했습니다. 용서해 주시겠습니까?"라고 말해야 합니다.

나는 선교사이면서도 아내나 아이들을 만나, 이전에 내가 화를 냈던 것, 참지 못했던 것, 불친절했던 것, 내 마음대로 하려고 했던 것, 혹은 그들의 행동의 동기에 대해 비판적이었던 것 등에 대해 용서를 구할 때면 굴욕감을 느낍니다. 30년 이상 주님과 동행하였지만 나는 여전히 기회 있을 때마다 깨끗케 할 필요가 있습니다. 나의 옛 성품이 더 이상 예전처럼 여러 가지 방식으로 나를 좌우하지는 않지만, 여전히 나는 고통스럽지만 기쁜 마음으로 하나님께서 요한일서 1:9의 영적 비누로 나를 씻도록 해드리는 기회를 가지고 있습니다. 때때로 주님의 일꾼들은 죄를 시인하면 자기를 따르는 사람들이나 다른 사람들 보기에 자기가 낮아진다고 생각하여 그 일을 주저하기도 합니다. 그러나 실상 신속한 자백은 오히려 그들의 존경을 얻습니다. 내가 화를 내거나 참지 못한 것에 대해 아내에게 자백할 때 그것은 그녀에게 놀라운 것이 못 됩니다. 오히려 그것을 시인하는 데 오랜 시간이 걸리는 것이 놀라움을 줄 것입니다. 자백하는 것은 어렵지만 그만한 가치가 있습니다. 그것은 나의 죄책감을 없애 주며 하나님과 나의 친밀한 관계를 회복시켜 주고 내적 평화를 가져다줍니다.

한 유명한 성경학자가 비행기 출발 시간이 자꾸 연기되자 항공사 매표원에게 화를 내게 되었습니다. 한동안 자기를 합리화하며 전전긍긍하다가 되돌아와 그 사람에게 용서를 구하며 말했습니다. "저는 그리스도인입니다. 아까 그러지 말았어야 했는데 죄송하게 되었습니다." 매표원은 대답했습니다. "저도 그리스도인입니다. 그래서 저는 손님들이 무슨 말을 하든 다 받을 수가 있습니다!"

누가 죄를 범했느냐에 상관없이 화해를 위한 첫 행동을 취하는 것은 우리의 책임입니다. 우리에게 잘못이 있다면, 기분을 상한 사람에게 가서 용서를 구하는 것은 우리의 책임입니다. "그러므로 예물을 제단에 드리다가 거기서 네 형제에게 원망 들을 만한 일이 있는 줄 생각나거든 예물을 제단 앞에 두고 먼저 가서 형제와 화목하고 그 후에 와서 예물을 드리라"(마태복음 5:23-24).

훔치거나 거짓말을 하거나 다른 사람을 비난한 경우에는 하나님께 용서를 구할 뿐 아니라 그 당사자에게 보상을 해야 합니다. 보상은 여러 가지 형태를 취할 수 있는데 돈을 도로 갚는 것, 사실을 시인하는 것, 우리가 훼손시킨 명예를 다시 회복시켜 주는 것 등이 있습니다. 한 십대 소년은 자기 누이동생에게 이렇게 말했습니다. "나는 지금까지 네가 아무것도 아닌 것처럼 대해 왔는데 그건 죄였어. 왜냐하면 너는 귀중하며 나는 너의 가치를 알고 있거든. 나를 용서해 주겠니?" 그는 용서를 구할 뿐 아니라 한 단계 더 나아가 자기가 누이로부터 훔쳐 내고 있던 것, 즉 그녀의 자부심을 돌려주었던 것입니다.

베드로와 야고보는 둘 다 하나님께서 교만한 자를 대적하시되 겸손한 자에게는 은혜를 주신다고 했습니다(베드로전서 5:5, 야고보서 4:6 참조). 죄를 직시하는 것은 겸손을 나타내고 또한 겸손을 발전시킵니다. 그것은 또한 새로운 은혜를 가져다주고 담대히 기도할 수 있는 새로운 확신을 줍니다.

화해를 구할 때, "저를 용서해 주시겠습니까?"라고 묻는 것이 도움이 됩니다. 이것은 그 사람으로 하여금 용서해 주고자 하는 마음을 가지게 해주고 그 자신도 잘못되었다는 점을 인정하게 도와줍니다. 그리고 다른 사람이 우리에게 용서를 구할 때 우리는 용서한다고 말해 주어야 합니다. 이렇게 문제에 대해 쌍방의 말에 의한 해명이 있으면 그 문제를 종결시키는 데 도움이 됩니다. 내 아내와 나는 그저, "뭘요, 괜찮아요"라고만 하기보다 "물론 용서하지요"라고 말하는 것을 습관화하고 있습니다. 우리는 그 죄 자체를 작게 보이게 하거나 용서해 주기 싫어 대답을 슬쩍 회피하는 식의 말은 피하는 것입니다.

다른 사람이 우리에게 어떤 잘못을 범했을 때는, 그 사람이 우리에게 와서 용서를 구해야 하지 않겠습니까? 그렇습니다. 그러나 그가 그렇게 하지 않으면 첫 행동을 취할 책임은 우리에게 있습니다. "네 형제가 죄를 범하거든 가서 너와 그 사람과만 상대하여 권고하라. 만일 들으면 네가 네 형제를 얻은 것이요"(마태복음 18:15).

우리가 동료 그리스도인에게서 죄를 발견하면 그것을 온유하고 겸손하게 지적하여 그 사람을 돌이킬 수 있도록 해야 합니다. 이것이 다른 사람의 발을 씻어 주고 그의 짐을 나누어지는 한 방법입니다(갈라디아서 6:1-2 참조).

죄를 신속하게 인정하십시오

우리는 하나님께만 범한 것이든 아니면 사람에게도 범한 것이든 죄를 깨닫는 즉시 자백해야 합니다. 그 사람을 직접 만나 이야기하는 것이 불가능할 때는 전화나 편지를 이용해도 좋습니다.

그러나 우리가 죄를 지은 사람과 만날 길이 없는 경우에는 어떻게 합니까? 어느 주일 아침 홍콩에 머물고 있을 때 나는 성찬식에 참여하기 위해 예배석에 앉아 마음을 가다듬고 있었습니다. 그때 문득 3주 전에 한 동료 그리스도인에게 화를 냈던 일이 생각났습니다. 나는 순간적으로 주님께 용서를 구했습니다. 그렇지만 "아직 내 형제의 용서를 구하지 않았는데 내가 성찬에 참여할 수 있을까?" 하는 생각이 들었습니다. 그 사람과 잘 아는 사이도 아니었고 그를 만날 방도도 없었습니다. 나는 기도했습니다. "주님, 그를 만나기 위해 노력하겠습니다. 만나기만 하면 가장 먼저 그의 용서를 구하겠습니다." 그리고 나서 나는 홀가분한 마음으로 성찬 떡과 잔을 들었습니다. 예배 후에 자리를 떠날 때 나는 통로의 바로 내 앞에 그 사람이 서 있는 것을 보았습니다. 나는 그에게로 다가가 용서를 구하고 그의 용서를 받았습니다. 나는 하나님의 즉각적인 도우심에 감사드리면서 집으로 돌아왔습니다.

항상, 가능하기만 하면, 그 즉시 아니면 잠자리에 들기 전까지 모든 걸 청산해야 합니다(에베소서 4:26 참조). 자기 전에 나의 잘못을 자백하길 거절하면 괴로운 밤을 보내게 됩니다. 이리저리 뒤척이면서 몇 번이고 잠에서 깨어나 내가 과연 그렇게 행동한 것이 정당한지에 대해 생각하곤 하는 것입니다. 대개는 다음날 아침 경건의 시간이 끝나기 전에, 나는 다른 사람의 잘못에 상관없이 내가 용서를 구해야 한다는 결론에 이르게 됩니다. 이렇게 하고 나면 나는 주님과 나의 가족과 더불어 하루를 즐겁게 보낼 수가 있습니다.

용서를 구할 때, 상대방의 잘못에 대해서는 굳이 지적하지는 않는 것이 최선의 방책인 것을 알았습니다. 나는 나의 죄와 용서받아야 하는 나의 필요에 초점을 맞춥니다.

즉각적인 용서하심을 즐기십시오

우리 죄를 자백하였으면 용서받은 느낌이 올 때까지 몇 시간 혹은 며칠 동안의 관찰 기간을 둘 필요는 없습니다. 하나님의 따뜻한 환대가 언제나 우리가 죄를 시인하는 그 순간 우리를 기다리는 것입니다. 하나님의 즉각적인 용서

깨끗케 함-기도의 둘째 기초   59

와 깨끗케 하심을 믿는 우리는 깨끗한 양심과 확신을 가지고 기도할 수 있습니다.

오래 전 네비게이토 선교회의 창시자인 도슨 트로트맨이 한 수양회에서 여러 목사, 선교사들 앞에서 메시지를 전한 적이 있습니다. 그 시간이 끝난 후 그의 한 간사는 그가 메시지에서 다른 그리스도인을 비난하는 발언을 했다고 지적해 주었습니다. 그 다음날 도슨은 메시지를 시작하기에 앞서 그의 동료 그리스도인 지도자들에게 공개적으로 용서를 구했습니다. 그는 자신의 잘못을 시인하면서 눈물을 흘렸습니다.

이 얼마나 낭패스러운 일입니까? 바로 전날 그런 잘못을 범한 사람이 전한 메시지를 하나님께서 어떻게 사용하실 수 있겠습니까?

그러나 도슨은 즉각적인 용서를 믿었고, 이어 그가 준비한 메시지를 거리낌 없이 힘차게 전하였습니다. 그것이 바로 "시대의 요청"이라는 유명한 메시지인데 오늘날도 책자와 테이프에 수록되어 널리 배포되고 쓰임받고 있습니다. 그것은 성령의 능력과 신선함으로 가득 찬 메시지입니다.

우리도 마찬가지입니다. 자백하기만 하면 그 즉시 우리는 죄를 결코 범한 적이 없었던 것처럼 깨끗합니다. 우리는 거리낌 없이 기도하고 하나님의 말씀을 즐기며 담대하게 증거할 수 있습니다. 더 이상 양심의 가책이나 사죄가 필요 없고 하나님의 사랑을 돌이키기 위해 자기 생각에 따른 고행이나 정죄의 시간을 가질 필요가 전혀 없습니다. 우리는 더욱더 풍성히 흘러넘치는 그의 은혜-값없이 베푸시는 은총의 태도와 행동-로 말미암아 자유롭습니다. 그러나 우리가 그 은혜를 활용하지 못하거나 그것을 받을 만한 사람이 되려고 시도하면 그 흘러넘치는 은혜는 헛되고 맙니다. 바울이 그의 영적 아들 디모데에게 "네가 그리스도 예수 안에 있는 은혜 속에서 강하라"(디모데후서 2:1)고 권면한 것과 같이, 하나님께서는 우리가 거리낌 없이 마음껏 그의 값없이 주시는 은혜를 누리도록 부르십니다.

하나님의 은혜롭고 즉각적인 용서를 누리는 데는 다음과 같은 세 가지 간단한 반응을 필요로 합니다.

- ◆ 우리는 자신의 죄를 인정하는 데 있어 정직해야 한다.
- ◆ 우리는 하나님과 다른 사람들에게 우리 죄를 자백하는 데 있어 신속해야 한다.
- ◆ 우리는 믿음으로 용서와 깨끗케 함을 받아들이는 데 있어 담대해야 한다.

그리스도 안에 거하고 죄로부터 깨끗케 되는 것은 우리 기도의 굳건한 기초를 형성합니다. 그렇게 되면 우리는 계속 하나님과 교제할 수 있어 언제라도 담대하게 그에게 나아가 그의 도우심을 받을 수 있습니다. 이 두 가지 기초는 우리로 지속적으로 순종의 길을 걸어갈 수 있게 해주며, 그 길에는 우리가 하나님께 나아가는 것을 막는 어떤 장애물도 없습니다.

그러므로 형제들아, 우리가 예수의 피를 힘입어 성소에

들어갈 담력을 얻었나니… 또 하나님의 집 다스리는 큰 제사장이 계시매, 우리가 마음에 뿌림을 받아 양심의 악을 깨닫고 몸을 맑은 물로 씻었으니, 참 마음과 온전한 믿음으로 하나님께 나아가자(히브리서 10:19,21-22).

개인 적용

1. 이 장에서 나에게 감명을 준 진리들은 무엇인가?

2. 그중의 하나에 대하여 나는 어떤 일을 할 수 있는가?

4

기도의 세 가지 조건

> 하나님의 은혜의 보좌는,
> 무심코 지나가던 사람이
> 자기 눈길을 끄는 진열품을 보고
> 갖고 싶어 쉽게 손을 뻗칠 수 있는
> 길가 노점상 같은 곳이 아닙니다.
> ―필립스 브룩스

기도로 하나님께 나아갈 때 우리가 만든 조건을 통해 나아갈 수는 없습니다. 그는 자비롭고 관대한 통치자이시지만 또한 의롭고 지혜로우신 분이십니다. 그러므로 우리에게 지침을 주시고 그 지침을 따라 기도함으로써 그의 성품이나 우리의 참된 행복을 훼손시키지 않고 우리 기도에 응답을 받을 수 있게 하셨습니다. 우리의 기도가 그에게 받아들여지고 또 확실한 응답을 받을 수 있기 위해서는 만족되어야 할 간단한 조건들이 있습니다.

하나님의 말씀을 따른다는 것은 바로 이 원리를 알고 따르는 것을 의미하며, 이것은 기도 응답을 얻어 내기 위해서가 아니라 영적 세계를 다스리시는 하나님의 원리에 우리 자신을 맞추기 위한 것입니다.

앞 장에서 우리는 응답받기 위한 기도의 두 가지 기초에 대해 살펴보았습니다.

◆ 그리스도 안에 거함
◆ 죄로부터 깨끗케 됨

이 두 가지는 열매 맺는 기도의 삶에 영양을 공급하는 토양이라 할 수 있습니다. 이 두 가지가 만족될 때 우리는 비로소 하나님과의 긴밀한 교제 가운데서 하나님께서 기뻐하시는 삶을 살며 그가 열납하시는 기도를 드릴 수 있게 됩니다.

기도를 할 때, 우리는 하나님께서 주신 다음 세 가지 원리를 기억해야 합니다.

◆ 예수님의 이름으로 기도하라.
◆ 하나님의 뜻대로 기도하라.
◆ 믿음으로 기도하라.

예수님의 이름으로 기도하십시오

"너희가 내 이름으로 무엇을 구하든지 내가 시행하리니 이는 아버지로 하여금 아들을 인하여 영광을 얻으시게 하려 함이라. 내 이름으로 무엇이든지 내게 구하면 내가 시행하리라"(요한복음 14:13-14). 예수님께서 말씀하시는 것은 우리가 단지 매 기도의 끝에 예수님의 이름으로라는 말을 넣어야 한다는 뜻은 아닙니다. 그 말을 넣지 않으면 기도가 쓸데없는 시간 낭비가 되는 것으로 생각하여, 기도한 뒤에 그 말을 못했다고 다시 방으로 허둥지둥 뛰어 들어가 "예수님의 이름으로" 기도했었노라고 뒤늦게 덧붙일 필요는 없습니다. 예수님의 이름으로라는 말은 우리가 그 말을 덧붙이면 우리의 기도를 들어주시고 빠뜨리면 그 기도를 기각시켜 버리는 암호와 같은 말이 아닙니다.

예수님의 이름으로 기도한다는 것은 우리 죗값을 대신 치러 주시고 하늘나라의 법정에서 우리를 대언하시는 분의 공로로 하나님께 나아간다는 것을 의미합니다. 그것은 우리의 봉사, 진실성, 또는 우리의 어떤 가치 때문이 아니라, 우리가 그리스도께 속해 있기 때문에 지극히 높으신 권세자의 전에 들어가는 것을 의미합니다.

백악관 입구의 층계에 한 사람이 풀이 죽은 채 앉아 있는데 한 소년이 다가와 묻습니다. "아저씨, 무슨 일이에요?"

"저리 가라, 꼬마야. 귀찮게 하지 마. 골치가 아프단 말이야. 나는 며칠 동안이나 대통령을 만나려고 했지만 아직 뜻을 이루지 못했어. 나를 만나 주질 않아. 그러니 혼자 있게 해줘."

"어쩌면 제가 도와 드릴 수 있겠는데요."

"네가? 무슨 수로?"

"제 손을 잡으세요."

그 사람은 놀랍기만 했습니다. 그들 둘은 백악관의 층계를 걸어 올라갔고, 경호원들 앞을 지나 홀을 통과하고 비서실을 지나 "미합중국 대통령 집무실"이라는 팻말이 붙은

문 앞에 이르렀습니다. 굳이 노크도 할 필요도 없이 소년은 문을 열더니 그 사람을 대통령 앞에까지 안내했습니다.
"이 아저씨가 아빠를 만나고 싶어 하셔요."

그 사람이 대통령을 만나 뵙게 된 것은 그의 가정적 배경이 좋거나 무슨 추천장이 있었기 때문이 아닙니다. 혹은 좋은 학력이나 멋진 옷 또는 거액의 은행 계좌 때문도 아닙니다. 그것은 다만 그가 특권을 가진 대통령의 아들과 함께 들어갔기 때문입니다. 그는 자신의 공적이나 실력에 의해서가 아니라 그 아들을 힘입어 대통령 앞에 나아갈 수 있었던 것입니다.

우리가 어떤 사람이든, 또는 어떤 업적을 쌓았든, 이를 통해 하나님께 나아갈 수는 없습니다. 풍성한 열매, 충실하게 가지는 경건의 시간, 훈련, 다른 사람을 위한 사랑의 봉사 등 그 어떤 것도 우리로 하나님 앞에 나아갈 수 있게 하지는 못하는 것입니다. 이런 것들을 의지하는 한 효과적인 기도를 위한 자격은 상실하게 됩니다. 우리는 그리스도의 존귀함, 그의 용서, 지극히 긴밀한 그와 하나님과의 관계를 의지함으로써만 하나님 앞에 나아갈 수 있습니다. 우리는 특별한 특권을 가진 하나님의 아들의 공로로 그 앞에 나아가는 것입니다.

또한 나의 삶 속에 어떤 실패나 부족도 기도 가운데 하나님 앞에 나아가는 것을 방해할 수 없다는 사실을 알 때 얼마나 격려가 되는지 모릅니다. 예수 그리스도의 공로로 나아가므로 나의 부족한 점은 문제가 되지 않습니다. 나는 부정직이나 순결치 못한 것 때문에 고민하기도 합니다. 때로 화가 나거나 울적해지기도 합니다. 나의 믿음의 부족, 게으름, 또는 다른 사람에 대한 무관심 때문에 슬퍼하기도 합니다. 만약 나 자신의 공로로 나아가야 한다면, 나는 전혀 자격이 없습니다.

그러나 예수님의 이름으로, 정직하게 나의 부족한 점들을 시인하면서 있는 그대로의 모습으로 나는 나아갈 수 있습니다. 하나님을 거역하는 생각이 들 때조차도 그런 잘못을 자백하고 그 생각을 하나님께 굴복시키면 나는 그 앞에 나아갈 수 있습니다. 마음에 의심이 가득할 때는 흔들리는 믿음에 대해 그에게 아뢸 수 있습니다. 나의 형편이 어떠하든, 하나님께서 택하시고 용서하신 자들 중의 하나인 나의 신분에 의거하여 예수님의 이름으로 나아가 나의 필요를 하나님께 말씀드리게 됩니다. 확신을 가지고 스스럼없이 간구할 수 있습니다. 이것이 바로 예수님의 이름으로 기도한다는 의미입니다.

헬무트 틸리케는 이렇게 썼습니다.

우리는 우리의 이름으로 나아가는 것이 아닙니다. 우리가 무엇이관데 그럴 수 있겠습니까? 우리는 헛된 기대에 부풀어 있는 존재요, 두려움이 많은 존재요, 의심에 사로잡혀 있는 존재입니다. 이런 우리가 도대체 어떻게 광란의 바다 위를 항해할 수 있겠으며, 생의 장애물들을 헤쳐 나갈 수 있겠습니까? 우리는 우리의 이름으로 나아가는 것이 아닙니다. 주 예수 그리스도의 이름으로 나아갈 수 있을 뿐입니다. 우리가 주님의 이름으로 나아가는 것은 그가 그렇게 명하셨기 때문만은 아닙니다. 그는 우리를 위해 죽으시고 부활하심으로 우리를 하나님 아버지의 자녀로 삼아 주셨습니다. 그러므로 우리는 자녀의 신분으로 그 앞에 나아가 담대히 아뢸 수 있는 특권을 가지고 있는 것입니다.[1]

하나님의 뜻대로 기도하십시오

요한일서 5:14에서는 우리가 무엇이든지 하나님의 뜻대로 구하면 그는 들으신다고 확신시켜 줍니다. 그의 뜻은 때로 복잡하고 불분명한 것처럼 보입니다. 그러나 그는 그의 말씀 안에서 그의 뜻을 보여 주십니다. 그러므로 그의 뜻대로 기도한다는 것은 곧 그의 말씀대로 기도하는 것을 의미합니다.

우리를 인도하시는 하나님의 말씀과 성령을 가지고 있으므로 우리는 그의 뜻으로 생각되는 것에 비추어 기도할 수 있습니다. 어린 그리스도인이라 할지라도 크고 작은 일에서 하나님의 뜻을 충분히 발견하여 확신 있게 기도할 수 있습니다. 하나님께서는 우리가 어린 그리스도인일 때는 특별한 배려를 하셔서 흔히 유치하고 비현실적인 기도까지도 응답해 주십니다. 그러나 하나님께서는 우리가 언제까지나 어린아이와 같은 이해의 수준에 머무르길 원치 않으시며 발전하기를 기대하십니다. 우리는 계속하여 하나님에 대한 새로운 지식과 그의 길을 찾아야 하며 게으름이나 완악함 때문에 정체되는 일이 없어야 합니다. 그는 우리가 그의 뜻을 발견하고 그것에 따라 기도하길 바라십니다.

그리스도를 따르기 시작했지만 아직 영적으로 어렸을 때, 나는 전임 사역자가 되기 위해 전공을 공학에서 인문계 쪽으로 바꾸는 것이 주님의 뜻인지를 알기 원했습니다. 나는 여러 달 동안 전공을 바꾸는 문제에 대해 망설이고 있었습니다. 사실 오랫동안 나는 공학 기사가 되고 싶어 해왔습니다. 어느 날 밤 나는 캘리포니아 산간 지방에 있는 아름다운 타호우 호숫가의 바위 위에서 별빛 아래 앉아 나의 고민을 목사님께 말씀드렸습니다. 그의 격려를 받고 나는 기도하는 가운데 주님의 주재권을 인정하고 기꺼이 주님의 뜻을 따르겠노라고 하나님께 말씀드렸습니다.

그 뒤 몇 달 동안 나는 마음을 새롭게 하여 그리스도 안에 거하는 삶을 살게 되었습니다. 하나님의 말씀을 집중적으로 공부하고 암송하기 시작했습니다. 기도하면서 계속적으로 주님의 뜻을 찾는 가운데 하나님께서 내가 전공을 바꾸고 그 결과에 대해서는 주님을 의뢰하기 원하신다는 사실이 분명해졌습니다. 비록 영적으로 어리고 성숙하지 못했지만 하나님께서는 그 결정을 내리기에 충분한 판단력과 확신을 주셨습니다. 나는 새로운 진로 결정을 위한 인도와 능력을 위해 기도했습니다. 그 이후 해가 지나갈수록 비록 내가 영적으로 어렸지만 하나님께서는 진실로 나에게 그의 뜻을 보여 주셨고 내가 기도한 것들을 이루어 주셨다는 사실이 확실해졌습니다.

그러나 하나님께서는 우리가 성숙하기를 원하십니다.

그는 계속적인 발전을 기대하십니다. 요한복음 15:7에서 그리스도께서는, 우리가 그와 지속적인 교제를 가지며 그의 말씀이 우리 삶과 생각의 깊은 곳에 자리 잡고 그것들을 다스리게 되면, 우리가 무엇이든지 원하는 대로 구할 수 있고 또 그것은 이루어진다고 말씀하십니다. 이 말은 우리가 기도하여 응답을 받기에 앞서 영적으로 거인이 되어야 한다는 의미는 아닙니다. 이 말은 우리가 그리스도를 알고 이해하는 데서 계속 자라 가야 한다는 뜻입니다. 우리는 그의 관점에서 사물을 바라보며 그가 보여 주신 뜻과 원리를 따라 살아가는 법을 배워야 합니다. 하나님의 말씀과 내주하시는 성령께 순종하는 면에 자라 갈수록 우리는 죄로부터 보호되며 잘못된 동기로 구하지 않게 됩니다. 우리가 그의 뜻을 알고 순종하는 삶에 더 자라 갈수록 우리는 더욱더 확신 있게 기도할 수 있게 됩니다.

믿음으로 기도하십시오

휘튼 대학의 학장을 지낸 바 있는 V. 레이먼드 에드먼은 이렇게 썼습니다.

> 믿음으로 걸어간다는 것은 끝없이 줄지어 나타나는 거인들과 요단강들과 여리고 성들을 만나 그것들을 하나씩 차례로 정복해 나가는 것을 의미합니다. 우리가 하나님의 말씀과 그의 뜻에 순종한다면, 우리의 여리고 성이 무엇이든지 간에 그것이 우리를 끊임없이 조롱하지는

못할 것입니다. 기도와 인내는 하나님께 용감하게 순종하는 영혼 앞에서 그 성을 무너뜨려 줄 것입니다.[2]

믿음은 우리와 하나님과의 모든 관계에서 핵심적 열쇠가 됩니다. 그것은 응답받는 기도의 주된 조건입니다. "너희가 기도할 때에 무엇이든지 믿고 구하는 것은 다 받으리라"(마태복음 21:22). "너희가 만일 믿음이 한 겨자씨만큼만 있으면… 너희가 못할 것이 없으리라"(마태복음 17:20). "믿은 여자에게 복이 있도다. 주께서 그에게 하신 말씀이 반드시 이루리라"(누가복음 1:45).

이러한 약속들은 오직 하나님의 무한한 능력과 우리의 믿음 여하에 달려 있는 포괄적인 약속입니다. 이 약속들은 하나님과 교제하지 않고 있는 무리들에게는 해당되지 않습니다. 또 이기적이거나 어리석은 목적들을 성취할 수 있는 무슨 마술 주문도 아닙니다. 오직 하나님의 뜻을 구하고 예수님의 공로로 하나님께 나아가는, 이른바 깨끗케 되고 그리스도 안에 거하는 삶 가운데서만 참된 믿음은 꽃필 수 있습니다. 그러한 삶을 사는 사람에게 있어서 그리스도의 약속들은, 응답받고 불가능한 것을 이루는 기도에 이르는 열쇠 곧 믿음의 열쇠가 되어 줍니다.

그렇다면 무엇이 믿음입니까? 그것은 하나님께서 말씀하신 바에 대한 확신입니다. 그것은 하나님께서 그가 말씀하신 대로의 바로 그런 분이시라는 것과 그가 하겠다고 말씀하신 것은 하시는 분임을 믿는 것입니다. 믿음은 어떤 주관적인 느낌이나 감정이 아닙니다. 알렉산더 R. 헤이의 표현처럼, "믿음은, 우리가 굳게 믿으면 어떤 일이 일어날 것이라고 생각하면서, 그 일이 일어난다고 믿으려고 애쓰는 노력이나 우리가 발휘하는 정신력이 아닙니다."[3] 믿음은 신뢰의 태도입니다. 그것은 객관적인 실체, 즉 하나님 자신과 그의 말씀에다 확신을 두는 것입니다. C. S. 루이스는 다음과 같이 경고합니다.

> 우리는 자기 자신이나 다른 사람들 안에, 자신의 뜻이 이루어지면 "믿음"이라고 부를 어떤 주관적 상태를 일으키려는 경향을 조장해서는 안 됩니다. 이는, 마치 그렇게 하는 것이 우리 기도의 응답을 보장해 줄 것이라는 생각에 기인한 것입니다. 필경 우리도 어린아이같이 이렇게 해왔을 것입니다. 그러나 강한 상상력을 일으키는 간절한 욕망이 만들어 낼 수 있는 심적 상태가 기독교에서 말하는 믿음은 아닙니다. 그것은… 정신 훈련을 하는 기술(奇術)일 뿐입니다.[4]

믿음은 단순한 신뢰입니다. 우리는 복잡한 거리를 안전하게 건너도록 어머니가 도와줄 것을 믿는 아이에게서, 또는 아버지가 자기를 붙잡아 주기로 약속하면 계단에서 겁 없이 뛰어내리는 아이에게서 그러한 믿음을 보게 됩니다.

믿음은 우리가 기도로 가지고 나아가는 우리의 필요와 하나님의 능력을 연결시키는 스위치입니다. 능력은 우리 믿음이 아니라 하나님께 있습니다. 마치 이것은 모터를 돌리고 전등을 밝히는 능력이 스위치 아닌 전기에 있는 것과 마찬가지입니다.

믿음을 흔들리게 하는 의심. 간단히 말해서, 믿음으로 기도하려면, 주님을 바라보고 우리의 필요 가운데로 그분을 모시고 오기 위한 충분한 확신이 있어야 합니다. 때때로 우리가 가진 전부가 고작 "주여, 나의 믿음 없는 것을 도와주소서"(마가복음 9:24) 하고 기도할 수밖에 없는, 적지만 진실한 믿음뿐인 경우가 있습니다. 그런 기도는 자신의 의심을 솔직하게 아뢰지만 그래도 믿음의 편에 서기로 하는 것입니다. 우리 확신의 가장자리를 갉아먹는 불신에 대항하는 편을 택하고 그것으로부터 우리를 건져 주시도록 하나님께 간구해야 합니다. 처음으로 이런 기도를 한 사람의 경우와 같이 주님께서는 그런 태도도 믿음으로 받아 주십니다. 이런 종류의 믿음은 비록 불신의 공격을 받은 것이긴 하지만, 마태복음 13:58에 언급된 바와 같은 의도적으로 택한 불신과는 거리가 멉니다. "저희의 믿지 않음을 인하여 거기서 많은 능력을 행치 아니하시니라." 말하자면, '나의 믿음 없는 것을 도와주소서'라고 하는 믿음은 합당한 믿음입니다.

믿음은 각 사람에 따라 다른 형태를 취합니다. 어떤 사람은 바위처럼 굳건한 믿음을 가지고 있어 전혀 흔들림이 없습니다. 반면에 어떤 이들은 그리스도께 대한 헌신이 명백하고 영적으로 성장하고 있는데도 머리로는 끊임없이 의심하곤 합니다. 그들은 이론의 여지가 없는 확정된 믿음을 갖기가 힘듭니다. 그런 사람들은 비록 그 믿음이 감정적 확신에 의해 강화되지는 않아도 믿음으로 행하는 쪽을 택함으로써 독특한 방식으로 하나님을 영화롭게 할 수 있습니다.

우리 대부분은 필요로 하는 것을 기도 가운데 주님께 가져갈 때, 한 순간은 주님을 바라보다가 다음 순간은 인간적인 불가능을 바라봄으로 믿음이 흔들리게 되는 것을 때로 경험합니다. 사도 베드로까지도 그 믿음이 흔들렸었습니다. 그리스도를 믿음으로 그는 물 위를 걷기 시작했습니다(마태복음 14:22-33 참조). 그러다 바람의 위력을 느끼고 흉용하는 파도를 바라보자 그의 마음은 의심의 물결에 쏠려 그는 물속으로 빠져들기 시작했습니다. 그러나 그는 스스로의 잘못을 바로잡고 다시 한 번 그의 믿음을 예수님께 고정시키며 외쳤습니다. "주여, 나를 구원하소서!" 예수님은 그의 기도에 즉각 응답하셨습니다. 우리도 확신이 없거나 의심이 공격해 올 때마다 주님과 그의 말씀에 우리 눈을 돌려야 합니다.

믿음을 방해하는 생각들. 간혹 우리는 의심을 불러일으키는 생각 속에 잠김으로써 자기 믿음을 약화시킵니다. "하나님께서는 과연 내게 관심을 가지고 계실까? 내가 그 일을 할 경우 일이 제대로 풀려 나갈까? 하나님을 믿어도 될까? 혹시 나에게 가장 좋은 것을 주기 싫어하시는 것은 아닐까?" 이런 생각을 거듭하다 보면 우리 믿음은 질식될 수가 있습니다. 이런 생각들을 어떻게 다루느냐 하는 것은 아주 중요합니다.

우리 마음속에 의심이 생겨날 때 그것을 부인하거나 한쪽으로 제쳐 두는 것은 해결책이 아닙니다. 오히려 우리는 그런 생각을 하나님께 아뢰고, 그것이 우리를 지배하지 못하도록 하며, 하나님의 말씀과 일치하는 생각으로 대체해야 합니다. 그때 우리는 아직 해결되지 않은 의문들에도 불구하고 기도할 수 있습니다.

내가 매우 존경하는 한 사람은 머릿속에 의문들이 항상 떠오르려고 함에도 불구하고 어떻게 믿음으로 생활하며 기도할 수 있게 되었는지 일러 주었습니다. 그는 하나님의 약속에 대해 생각하려고 할 때 저절로 그의 마음에 의심이 일어났던 구체적인 예를 하나 들었습니다. "'나는 그 약속을 믿고는 싶은데'라는 생각이 떠오르더군요. 그 생각에 대해 나는 다음 생각으로 반격을 가했지요. '물론 나는 믿고말고. 나는 이미 믿기로 작정했는걸.'" 그의 머릿속에는 아직 많은 의문들이 해결되지 않은 채 남아 있지만 믿음에 의해 그는 자기가 따르기로 한 하나님의 길과 일치되는 생각을 하기로 작정하는 것입니다.

우리는 의심하는 생각들이 우리 기도를 방해하게 내버려 둘 수도 있고, 그것들을 하나님께 가지고 나아가 우리가 그와 계속 동행해 나갈 때 그 문제에 대한 이해를 주시도록 간구할 수도 있습니다. 마음속의 어떤 것이 우리의 확신을 가로막을 때 그것이 무엇이며 그것을 어떻게 극복할 수 있는지 보여 주시도록 하나님께 기도하십시오.

때때로 하나님께서는 직접 그의 말씀을 통하거나 다른 사람들을 통해 우리의 의문들에 대한 답변을 주십니다. 또는 실질적인 답변은 주시지 않고 하나님께 대한 우리의 이해가 깊어 감에 따라 우리 마음을 평정시켜 주시기도

합니다. 중요한 것은 의문들이 기도하는 것과 하나님 말씀 섭취하는 것을 방해하지 않게 하는 것입니다.

두 마음을 품은 의심. 야고보는 기도의 효과를 말살시키는 유형의 의심 즉 두 마음을 품어 의심하는 것에 대해 경고하고 있습니다. 그가 편지했던 유대 그리스도인들 가운데는 이기적인 욕심, 교만, 정욕 따위로 구하였기 때문에 하나님께로부터 응답을 받지 못하는 사람도 있었습니다. 그들은 하나님의 뜻은 아랑곳 않고 자기 자신만의 욕망을 채우길 원했습니다. 그들은 하나님의 말씀을 들었지만 말씀에 순종하기를 거부했고, 하나님의 친구인 척했지만 하나님께 대항했습니다. 그들의 의심은 불순종 및 반마음의 충성심에 기인하고 있었습니다(야고보서 1:8, 3:13-4:10 참조). 야고보는 그런 사람은 기도의 응답을 기대하지 말라고 경고했습니다. 진실로 하나님의 응답을 원하는 사람은 기도 응답의 확신을 가지고 믿음으로 구해야 합니다.

그러나 하나님께 구할 때는 반드시 응답해 주신다는 확신을 가지고 구하십시오. 의심하는 마음은 바람에 밀려 파도치는 물결과 같아서 침착성이 없습니다. 그런 상태에서 정한 결단은 처음에는 이랬다가 나중에는 저랬다가 하여 매우 불안정한 것입니다. 만일 여러분이 믿음으로 구하지 않는다면 주께 어떤 것을 기대해도 소용이 없습니다(야고보서 1:6-8, 현대어성경).

불순종하는 그리스도인은 어떤 일에 대하여 믿음으로

기도할 수가 없습니다. 자신이 이런 종류의 의심으로 이리 저리 흔들리고 있는 것을 알게 되면 기도 제목을 바꿔 "하나님이여, 나를 살피사 내 마음을 아시며, 나를 시험하사 내 뜻을 아옵소서. 내게 무슨 악한 행위가 있나 보시고 나를 영원한 길로 인도하소서"(시편 139:23-24) 하고 기도해야 합니다.

견고한 믿음. 하나님과 그의 말씀에 대한 지식에서 자라 갈수록, 우리 믿음은 점점 견고해집니다. 우리는 점점 더 하나님의 뜻과 그의 사랑, 그의 능력에 대해 확신을 가지게 됩니다. 우리는 하나님에 대한 막연한 믿음의 수준을 넘어서서, 하나님은 깊은 사랑으로 우리를 돌보시고, 우리를 위해 일하시길 원하며, 하나님께는 아무것도 어려운 것이 없다는 사실을 확실히 파악하게 됩니다. 우리는 아브라함과 같이 됩니다. 그는 하나님께서 없는 것을 있는 것같이 부르시는 이심을 알았습니다. 그의 아내 사라나 아브라함 자신이 너무 나이가 많았음에도 불구하고, 사라가 아기를 가지게 될 것이라는 말을 들은 그는, "믿음이 없어 하나님의 약속을 의심치 않고 믿음에 견고하여져서 하나님께 영광을 돌리며 약속하신 그것을 또한 능히 이루실 줄을 확신하였습니다"(로마서 4:20-21). 인간적 가능성의 한계 밖에 있는 상황에서 아브라함은 하나님의 약속을 의뢰했습니다. 아브라함의 강한 믿음은 아브라함 자신의 소원이 아니라 하나님의 약속에 그 뿌리를 내리고 있었습니다.

S. D. 고든은 어떻게 견고한 믿음이 생기는지에 대해 다음과 같이 말하고 있습니다.

우리가 구하는 것을 하나님께서 이루실 것을 믿는 믿음은 갑자기 생겨나는 것이 아닙니다. 거리의 먼지 속이나 군중의 소음 속에서 생겨나지 않습니다. 그것은 골방에서 생겨나며, 시간과 펼쳐진 말씀과 경건한 마음이 그 성장에 필요합니다. 그런 마음 속으로, 하나님의 인도함을 받아 구한 것은 꼭 성취된다는 단순하고 강한 믿음이 들어오게 됩니다.[5]

일반적인 믿음과 구체적인 믿음. 믿음으로 기도하는 것은 당면한 문제에 대한 하나님의 뜻을 얼마나 명확하게 아느냐에 따라 두 가지 형태를 띨 수 있습니다.

때때로 하나님께서는 그의 원하시는 결과에 대해 우리에게 명확하게 알려 주시지 않습니다. 그러나 우리는 하나님께서 능히 하실 수 있고 또 하실 것이라는 확신 가운데서 기도할 수 있습니다. 그 자세한 세부 사항이나 시기에 대해서는 모를 때라도 우리는 주님께서 그의 선하시고 기뻐하시고 온전하신 뜻을 이루시도록 그에게 우리 길을 맡길 수 있습니다. 기도는 우리가 하나님의 원하시는 바가 무엇인지를 사전에 알고 있는지의 여부에 상관없이, 하나님께서 원하시는 바를 행하시도록 길을 열어 드립니다.

언젠가 남부 아시아를 여행할 때 동료 선교사인 짐 노스와 나는 선교가 "불가능한" 한 도시를 방문했는데 그곳은 그 나라 종교의 중심지로서 기독교에 대해서는 완전히 폐쇄적이었습니다. 우리는 함께 사탄의 요새인 시가지와 대학 캠퍼스를 거닐며 시민이나 학생들과 대화를 나누고 돌아온 뒤 내가 말했습니다. "글쎄, 하지만 우린 언젠가는 여기서도 무언가를 시작할 수 있을걸세. 몇 년이 걸릴지는 모르지만 말일세."

그래서 우리는 어떤 특별한 인도는 받지 못했지만 믿는 마음으로 우리가 언젠가는 그 대학교와 도시에서 성숙한 제자와 제자삼는 자들을 일으킬 수 있게 해주시도록 하나님께 기도했습니다.

하나님께서는 빨리 응답해 주셨습니다. 몇 달이 안 되어 그 도시 출신인 두 사람이 나와 만나게 되었습니다. 한 사람은 미국에서 공부하는 동안 네비게이토 선교회와 얼마간 접촉이 있었는데 내가 넉 달 만에 꼭 한 번 싱가포르의 집에 머물고 있을 때 전화를 걸어 왔습니다. 또 다른 한 사람은 아주 열정적인 젊은 그리스도인이었는데, 내게 세 통의 편지와 두 차례의 전보를 보낸 다음에 여행할 때는 꼭 대학에 들러 자기를 만나 달라고 했습니다. 그는 곧 다른 도시로 이사를 가긴 했지만 의대와 공대 학생들 및 핵심이 되는 몇몇 부부들을 대상으로 영적 사역을 시작했는데 그 후 9년 동안이나 이 사역은 계속되어 오고 있습니다. 그때 그리스도를 영접한 사람 중의 몇몇이 그리스도인들과 불신자들 사이에서 열매 맺는 사역의 기초를 이루었고 이 사역은 계속 확장되면서 일꾼들을 생산하고 있습니다.

10년 전에 우리는 믿음으로 기도했지만 세부 사항과 그 시기에 대해서는 명확히 구하지는 않았습니다. 그러나 하나님께서는 들으시고 역사하셨습니다. 우리에게는 큰 믿음이 필요한 것이 아니라, 크신 하나님에 대한 평범한 믿음이 필요합니다.

  이와는 달리, 하나님의 뜻을 명확하게 분별한 사람은 더욱 강하고 확고한 믿음을 가지고 기도할 수 있습니다. 그런 경우에는, 하나님께서 그의 뜻으로 보여 주신 것을 위해 담대하게 구체적으로 간구해야 합니다. 이것이 믿음으로 하는 기도의 둘째 형태입니다. 하나님께서 원하시는 바가 무엇인지 확실하면 우리는 하나님께서 그것을 반드시 이루어 주시도록 확신 있게 구할 수 있습니다.

  아내 룻과 나는 하나님께서 우리를 싱가포르로 인도하고 계시는 것을 알고 난 뒤 우리 생각에 하나님의 뜻이라 여겨지는 구체적인 것들을 위해 기도하기 시작했습니다. 적당한 거주지와 아이들의 학교 문제, 그리고 선교를 위해 능력을 더해 주시도록 구했을 뿐만 아니라, 특별히 우리는 좋은 중고차를 위해 기도했습니다. 하나님께서는 차에 관해서 두 가지 사항을 간구하게 인도하셨습니다. 그중 하나는 앞으로 우리가 오랫동안 사용할 수 있는 것이어야 한다는 것이고, 다른 하나는 하나님께서 주신 돈을 아껴 쓰려면 값이 싼 중고차라야 한다는 것이었습니다.

  싱가포르에 도착한 뒤 며칠 후, 스트레이츠 타임즈지의 광고란을 유심히 보고 있던 한 친구가 여간해서 나오지 않는 좋은 조건의 자동차 매매 광고를 발견했습니다. 새것이나 다름없는 도요타 승용차를 20% 할인하여 팔겠다는 것인데 이유인즉 차주가 그의 회사로부터 더 큰 차를 선물받았기 때문이라는 것이었습니다. 과연 그 도요타 차는 그 후 8년을 쓰는 동안 대만족이었습니다. 그 차는 우리의 갖가지 필요와 사역에 적합했고, 연료비가 적게 드는데 다 녹도 잘 슬지 않고 별로 수리를 할 필요도 없었습니다. 나중에 우리가 팔 때는 살 때 지불했던 값을 거의 고스란히 받을 수 있었습니다. 우리는 믿음으로 구체적으로 기도했고 하나님께서는 우리의 기대하는 것들에 넘치도록 응답하셨던 것입니다.

조지 뮐러는 1900년대에 영국 브리스톨에 여러 고아원을 설립한 사람입니다. 그는 말씀의 깊이나 힘찬 전도의 삶에서 그리스도를 닮은 사람이었습니다. 그러나 그는 놀라운 믿음과 그가 받은 기도의 응답들로 더 유명합니다. 그는 이렇게 썼습니다.

> 내가 주님을 믿은 54년 9개월 동안 변함없이 발견하게 된 것은 내가 믿기만 하면 내가 구한 것을 하나님의 정하신 때에 어김없이 받았다는 것입니다… 우리는 하나님께서 능히 주실 수 있고 또 기꺼이 주시는 분임을 믿어야 합니다. 그의 능력을 알려면 주 예수 그리스도의 부활을 바라보기만 하면 됩니다. 죽음으로부터 그를 일으키신 하나님께서는 전능하신 분임에 틀림없습니다. 하나님의 사랑[그리고 기꺼이 주시고자 하는 마음]을 알려면 그리스도의 십자가를 바라보기만 하면 됩니다… 하나님의 사랑과 능력에 대한 이런 증거들이 있으므로, 확실히, 우리는 믿으면 받을 것입니다. 즉 얻을 것입니다.[6]

응답받는 기도의 길잡이

기도의 세 가지 조건을 지키는 일은, 특별한 노력이 필요한 것이 아니라, 우리가 알고 있는 죄로부터 깨끗케 되어 그리스도 안에 거할 때 지극히 자연스럽게 나타나는 주님께 대한 반응으로, 자기가 의식하지도 못하는 경우가 많습니다. 그 조건들은 우리가 응답받을 자격을 갖추기 위해 사용하는 방법들이라기보다는 주님을 의지하고 그 안에 거하는 관계에서 자연스럽게 나오는 것입니다. 하나님께서는 그 조건들이 기도를 더욱 어렵게 만드는 부담스런 요구 목록이나 우리가 기도할 때마다 사용하는 어떤 점검표가 되도록 의도하지는 않으셨습니다.

그보다는, 하나님께서는 그것들을 효과적인 기도를 위한 길잡이로 주셨습니다. 그것들은 우리가 인간적인 공로, 기호, 또는 느낌 등을 의지할 때 우리를 바로잡아 줄 수 있습니다. 또 기도에 응답하시는 하나님께 대한 우리 확신이 흔들릴 때 우리를 격려해 줄 수도 있습니다. 우리 기도를 응답받지 못할 때, 우리는 하나님께서 신실하지 못하시다거나 기도는 아무 소용없는 것이라고 생각하기보다는 그 기초와 조건들을 다시 살펴보고 우리가 이 지침들을 지킬 수 있게 해주시도록 기도해야 합니다. 우리는 오직 기도를 계속할 필요가 있을 따름입니다.

이러한 간단한 기초와 조건들을 주셔서 우리로 하여금 기도의 응답을 받는 특권을 누릴 수 있게 해주시는 우리 주님은 얼마나 은혜로우신지 모릅니다. 여기서 그것들을 다시 한 번 요약합니다.

우리 삶에서 우리는
그리스도 안에 거하고,
알고 있는 죄로부터 깨끗하게 되어야 한다.

우리 기도에서 우리는
그리스도의 이름으로 기도하고,
하나님의 뜻대로 기도하고,
믿음으로 기도해야 한다.

기도의 두 기초인 그리스도 안에 거하는 것과 죄로부터 깨끗케 되는 것은 우리를 하나님과의 올바른 관계 속으로 인도해 주는데, 이러한 관계를 통해 하나님께서는 그의 속성에 역행하시지 않고도 우리 기도에 응답하실 수 있게 됩니다. 이 기초들은 우리가 우리와 세계를 위한 하나님의 선하신 계획에 부합된 삶을 살게 해줍니다. 세 가지 조건들은 우리를 더욱 깊은 관계 속으로 이끌어 우리로 겸손하게 하나님을 의지하도록 지켜 줍니다. 이러한 기도의 기초와 조건들은 우리가 편협된 생각에서 벗어나, "우리 가운데서 역사하시는 능력대로 우리의 온갖 구하는 것이나 생각하는 것에 더 넘치도록 능히 하실"(에베소서 3:20) 하나님의 자유와 충만 가운데로 들어가게 해줍니다. 이 기도의 기초와 조건들은 우리를 하나님과의 활기 있는 동반자의 관계로 이끌어 줍니다. 그렇게 될 때 하나님께서는 우리의 기도를 들으시고 응답하시며 그에 따라 하나님과 우리의 관계는 더욱 깊어지게 됩니다.

개인 적용

1. 세 가지 조건 중에서 내가 가장 강화시켜야 할 필요가 있는 것은 무엇인가? 그리고 어떻게 강화시킬 수 있겠는가?

2. 나의 믿음에 방해가 되는 것으로서, 내가 기도하는 가운데 없애도록 노력해야 할 것은 무엇인가?

주:

1. Helmut Thielicke, "Talking About God or With God?" *Leadership*, summer 1980, page 51.
2. V. Raymond Edman, *The Disciplines of Life* (World Wide Publications, 1948), pages 30-31.
3. Alexander R. Hay, as quoted in *Green Letters* by Miles Stanford (Zondervan Publishing House, 1975), page 12.
4. C. S. Lewis, *Letters to Malcolm: Chiefly on Prayer* (Harcourt Brace Jovanovitch, 1963), page 60.
5. S. D. Gordon, *Quiet Talks on Prayer* (Grosset and Dunlap, 1904), pages 158,224-225,158.
6. Robert Steer, *George Mueller: Delighted in God* (London: Hodder and Stoughton, 1975), page 265.

제 II 부
기도의 본

복음서에서 그리스도께서는 기도에 관한 백여 가지의 모본, 교훈 및 권면을 주셨습니다. 누가복음이 특히 많은 도움이 되는데, 기도의 예들이 많이 나와 있는 누가의 다른 책인 사도행전도 마찬가지로 도움이 됩니다. 신약성경 전체에서 얻을 수 있는 기도에 관한 정보의 4분의 1 이상을 이 두 책에서 얻을 수 있습니다.

누가복음 11장은 기도에 관한 그리스도의 가장 위대한 가르침을 담고 있습니다. 그것은 크게 세 부분으로 되어 있습니다.

- 주기도(2절에서 4절까지)
- 끈질긴 기도(5절에서 10절까지)
- 성령의 도우심과 충만하심을 구하는 기도(11절에서 13절까지)

제 II 부에서 우리는 흔히 "주기도" 또는 "제자들의 기도"라고 일컬어지는, 예수님께서 제자들에게 가르쳐 주신 훌륭한 기도의 본을 분석해 보겠습니다. 끈질긴 기도와 성령의 도우심과 충만하심을 구하는 기도에 대해서는 17장과 18장에서 다루게 됩니다.

5

주님의 이름, 주님의 나라, 주님의 뜻

(주기도에서) 예수님께서는 하나님과
우리의 관계에 적용되는 원리들을 규정하셨습니다…
그는 "다음 기도문대로 정확하게 기도하라"고 하시지 않고,
"그러므로 너희는 이런 식으로 기도하라"고 하셨던 점을
주목해야 합니다. 그는 하나의 본을 주신 것이지
어떤 불변의 형식을 주신 것은 아닙니다.
—J. 오스왈드 샌더스

누가복음 11장에서 예수님은 제자들에게 간단하지만 의미심장한 기도의 본을 제시해 주셨습니다. 마태는 이것을 좀 더 충실히 적고 있습니다.

> 하늘에 계신 우리 아버지여,
> 이름이 거룩히 여김을 받으시오며,
> 나라이 임하옵시며,
> 뜻이 하늘에서 이룬 것같이
> 땅에서도 이루어지이다.
> 오늘날 우리에게 일용할 양식을 주옵시고,
> 우리가 우리에게 죄지은 자를 사하여 준 것같이
> 우리 죄를 사하여 주옵시고,

우리를 시험에 들게 하지 마옵시고,
다만 악에서 구하옵소서.
나라와 권세와 영광이 아버지께 영원히 있사옵나이다.
아멘(마태복음 6:9-13).

그 주된 가르침과 그 안에 오묘하게 함축되어 있는 많은 의미들을 통해, 이 기도는 우리의 일상적인 기도를 위한 온갖 교훈들을 가르쳐 주고 있습니다. 그것은 하나의 본, 즉 자신의 생각과 기도 제목들을 끼워 넣을 수 있는 하나의 지침이 되고 있습니다. 제Ⅱ부의 각 장을 읽어 나갈 때, 당신이 하나님과 개인적으로 만나는 시간에 사용하고 싶은 아이디어나 내용들에는 표시를 해두십시오. 이 기도의 처음 세 기도 제목은 기도의 주된 목적, 곧 하나님을 영화롭게 하는 데 초점을 맞추고 있습니다. 지속적이고 효과적인 기도는 오직 하나님의 이름을 영화롭게 하고, 그의 나라를 확장시키며, 그의 뜻을 행하기 원하는 마음으로부터 흘러나오는 것입니다.

하늘에 계신 우리 아버지여

예수님께서는 자기를 따르는 자들에게 우리 아버지라는 말로 기도를 시작하라고 가르치십니다. 우리는 그리스도를 믿음으로써 하나님의 가족의 한 사람으로 태어났으므로 우리가 기도 중에 나아가는 하나님은 진실로 우리 아버지이시며, 우리 목소리를 간절히 듣고 싶어 하십니다. 우리는 어린아이가 "아빠"라고 부르듯이 따뜻한 가족적 분위기 속에서 하나님을 "아버지"라고 부를 수 있습니다. 우리는 무서운 주인 앞에서 굽실거리는 종처럼 나아가는 것이 아니라, 하나님의 친자녀로, 그의 친근한 가족의 일원으로 그 앞에 나아가는 것입니다. "여러분은 자신 있게 '아버지, 나의 아버지'라고 부를 수 있습니다"(로마서 8:15, 필립스역).

당신은 "우리 아버지"에게 나아갈 때 그가 어떤 아버지이신지 알고 있습니까? 자기 일에만 푹 빠져 자녀들에게는 거의 시간을 내어 주지 않는, 이른바 생활비만 벌어들이는 그런 아버지가 아닙니다. 자기 마음에 들지 않는다고 우리를 버릴지도 모르는 그런 아버지도 아닙니다. 또한 어떠한 응석도 다 받아 주고 우리 마음대로 자기를 조종하도록 내버려 두는 그런 아버지도 아닙니다. 그는 나약하거나 수동적이며 결단을 내릴 줄 모르는 분도 아닙니다. 그는 자신의 권위를 내세워 자녀들의 개성을 무시하거나 자녀들이 그들다울 수 있는 권리를 빼앗아 가지도 않으십니다.

우리가 만나고 있는 하나님은 강하고 지혜로우신 아버지로서, 그에게 복종함으로써만 우리가 그가 뜻하신 바대로의 사람이 된다는 것을 아시는 분입니다. 그는 우리의 안전을 위한 지침과 한계를 정해 주십니다. 그러나 그는 강제로 그것들을 따르게 하시지 않고 다만 우리가 그렇게 하길 기대하시며, 우리가 따르지 않으면 훈육하십니다. 우리 멋대로 자기 길을 고집하면 우리로 하여금 그 결과들을 보고 배우게 하시며 그의 보고를 여는 열쇠를 도로 가져가십니다. 이는 우리를 지배하기 위해서가 아니라 자유롭게 하기 위해서입니다. 또한 우리로 다시 그의 주재권에 굴복하고 그의 선한 계획을 따르도록 하기 위함입니다.

우리 아버지는 우리 머리카락 숫자를 헤아리고 계시며 우리의 모든 눈물을 다 보고 계십니다. 그의 가슴은 우리를 위하여, 바닷가의 모래알보다도 더 많은 선한 생각들로 가득 차 있습니다. 그는 언제나 우리를 도와주고자 하시며, 언제나 우리 기도를 들어주십니다. 그는 언제나 한결같은 사랑으로 우리를 사랑하시며, '날 귀찮게 하지 마'라는 식의 태도로 우리를 대하시지 않으십니다. 또 여행을 떠나 자리를 비우시는 경우도 결코 없습니다. 사랑과 포용력이 한이 없으신 그는 우리가 생각할 수 있는 가장 이상적인 아버지보다도 더 뛰어나신 분입니다. A. W. 토저는 이렇게 썼습니다.

하나님을 올바로 이해하지 못함으로써 불행이 시작됩니다… 그리스도인의 생활은 많은 것을 요구하면서도 전혀 용서를 모르는 엄한 아버지의 감시 밑에서 따분하고 무거운 십자가를 지고 가는 것으로 생각되기도 합니다. 그러나 사실은 하나님이야말로 만유 중 가장 매력 있는 분이시며 그의 봉사는 우리에게 이루 형용할 수 없는 즐거움을 안겨 줍니다. 그는 우리 자신을 위하여 우리를 사랑하시며 우리 사랑을 그 어떤 것보다도 더 가치 있게 여기십니다.[1]

"하늘에 계신 우리 아버지"에서 "하늘"은 원어에서 "여러 하늘들"을 의미합니다. 이것은 천사들이 하나님의 보좌 앞에서 경배드리는 가장 높은 하늘을 뜻하며 또한 성경에 언급된 그 밖의 여러 하늘들, 즉 광활한 우주 공간과 바로 우리 주변의 대기권 하늘도 포함하는 것입니다. G. 캠벨 모건의 말처럼 하나님께서는 "천사들의 하늘과 뭇 별들의 하늘과 참새들의 하늘"에 거하십니다.

다정하신 우리 하나님께서는 또한 위대하시고 두려우신 우주의 주재이심을 기억하면서, 우리는 친밀함과 존경심의 균형을 맞추어야 합니다. 우리는 사랑스런 자녀일 뿐만 아니라 미천하고 의존적 존재들입니다. 그의 허락 없이는 숨 한 번도 쉴 수 없습니다. 또 그리스도의 희생을 통하여 우리의 모든 도덕적 오점들이 깨끗하게 되지 않는다면, 우리는 그의 절대적인 순결 앞에서 두려움으로 인해 몸을 움츠릴 수밖에 없습니다. 그러나 그는 우리가 자기를 "아버지"라 부르며 담대하게 나아오도록 부르십니다.

우리는 감사하는 마음과 그를 필요로 한다는 것을 나타냄으로써 우리 아버지의 마음에 기쁨을 안겨 드릴 수 있습니다. 다음과 같이 기도하며 하나님께 경배드리십시오.

주 하나님 아버지, 풍성한 사랑을 제게 쏟아 주사 저를 주님의 자녀로 삼아 주셔서 감사드립니다. 주님을 사랑합니다. 주님께서는 강하시되 또한 온유하시고 다정하신 것에 대해 깊이 감사드립니다. 주님께서는 지극히 존귀한 분이면서도 친히 저와 함께해 주십니다. 또 기꺼이 지침들을 주시고 순종을 기대하시니 감사드립니다. 온 우주의 위대하시고 위엄이 넘치시는 통치자이신 주님 앞에 엎드려 고백합니다. 주님에 비할 때 저는 너무나 나약하고 하찮은 존재이며, 저는 주님의 선하심과 인자하심을 의지하여 살아가며, 주님의 영광에 비하여 저는 너무나 초라합니다. 또한 언제나 저를 용서하시고 따뜻하게 맞아 주시는 주님, 제가 얼마나 주님께 감사드리고 있는지 모릅니다.

이름이 거룩히 여김을 받으시오며

'하나님의 이름이 거룩히 여김을 받으시오며(영광을 받으시오며, 거룩하게 지켜지오며)'는 일곱 가지 간구 중 첫 번째로 나오는 것입니다. "그렇지만 그의 이름은 영원히 거룩하지 않습니까?" 하고 의문을 제기할지도 모르겠습니다. 물론 그렇습니다. 하지만 그는 그의 이름이 우리를 통하여 사람들의 눈에 거룩히 여김을 받고 영광받게 되길 원하십니다. 우리는 우리의 모든 태도와 행동을 통하여 그를 영화롭게 하도록 기도해야 합니다. 우리는 또한 모든 나라의 사람들이 그의 이름을 영화롭게 하도록 기도할 수 있습니다. 또 우리는 찬양을 통하여 그 이름을 영화롭게 할 수 있습니다. 성경 말씀을 기초로 드리는 찬양의 기도는 그를 영화롭게 하는 훌륭한 방법입니다.

주님이 하시는 일은 존귀하고 엄위하며, 주님의 이름은

거룩하고 지존하십니다. 해 뜨는 곳에서부터 해 지는 곳까지 모든 나라 가운데서 주님의 이름이 크십니다. 주여, 주님은 땅의 모든 끝과 먼 바다에 있는 자의 의지할 분이십니다. 주님은 모든 민족 위에 높으시며, 저들로 주님의 크고 두려운 이름을 찬송하게 하심이 마땅하십니다!(시편 111:3,9, 말라기 1:11, 시편 65:5, 99:2-3 참조)

제 속에 있는 모든 것들이 다 주님의 거룩하신 이름을 송축하며 주님께서 베푸신 모든 은택을 기억하길 원합니다. 주님의 이름이 오늘 저의 모든 생각과 말을 통하여, 또 저의 태도와 행동을 통하여 영광받으시기를 원합니다. 주님께 제 자신을 드리오니 주님의 의와 사랑과 평화를 나타내는 도구로 써주십시오. 주님께서 도와주심에 대해 감사를 드립니다(시편 103:1-2 참조).

"(주님의) 이름이 거룩히 여김을 받으시오며"라고 간구함으로써 기도를 시작하는 것은 매우 합당합니다. 왜냐하면 우리의 전체 기도의 삶은 하나님께 영광을 돌리고자 하는 열망의 뒷받침이 있어야 하기 때문입니다. O. 할레스비는 이렇게 말합니다.

우리가 기도를 활용하되, 하나님으로부터 우리 자신이나 우리가 사랑하는 사람들의 유익을 억지로 얻어 내거나 어려움 또는 시련을 모면하기 위해서가 아니고, 다만 하나님의 이름을 영화롭게 할 것들이 우리 자신과 다른 사람들에게 이루어지게 하기 위해 기도한다면, 우리는 기도에 관한 가장 강력하고 담대한 성경의 약속들이 우리의 약하고 초라한 기도의 삶 가운데서도 성취되는 것을 확실히 보게 될 것입니다.[2]

나라이 임하옵시며

두 번째 간구인 "나라이 임하옵시며"는 예수님께서 이 땅을 다스리기 위해 다시 오실 때뿐 아니라 현재에도 매일 하나님의 나라가 발전되도록 하는 것과 관계가 있습니다. 그것은 이 세상과 우리 삶에서 그의 통치를 요청하는 것입니다. 우리가 이 왕 되신 분께 순종하지 않는다면, "나라이 임하옵시며"라고 기도하는 것은 한낱 위선에 불과합니다. 우리는 이 기도를 확대시킬 수 있습니다.

아버지, 주님의 나라가 제 마음속에 임하게 된 것과 저를 사탄의 권세로부터 귀한 아들의 나라로 옮겨 주신 것에 대해 감사드립니다. 오늘 제가 주님의 나라의 큰 목적을 이루는 데 진보가 있도록 도와주십시오. 제가 일상적인 일에서 충실하고 만족함으로써, 또 사랑의 봉사와 저의 언어를 통해서, 제 주위 사람들의 삶 속에 주님의 나라가 임하고 그들로 주님을 갈망하게끔 도와주도록 해주십시오. 또한 아들이 다시 임하여 주님의 나라가 온전히 이루어지길 간절히 기다립니다. 주 예수여, 속히 오소서!

왜 우리는 그의 재림을 갈망하며 이 땅에 그의 나라가 세워지도록 기도해야 합니까? 이사야 9:6-7 말씀은 그에 대한 몇 가지 이유를 보여 줍니다.

> 그 어깨에는 정사를 메었고,
> 그 이름은 기묘자라, 모사라, 전능하신 하나님이라,
> 영존하시는 아버지라, 평강의 왕이라 할 것임이라.
> 그 정사와 평강의 더함이 무궁하며,
> 또 다윗의 위에 앉아서,
> 그 나라를 굳게 세우고 지금 이후 영원토록
> 공평과 정의로 그것을 보존하실 것이라.

앨런 레드패스는 다음과 같이 상기시킵니다.

> 지금 우리가 사는 이 세상은 마귀에게 넘겨진 것이 아닙니다. 이곳은 여전히 하나님의 가장 위대한 승리의 현장입니다. 창조의 기적으로 시작되었고 텅 빈 무덤의 기적을 목격한 이 땅은 다시 한 번 하나님의 영광을 보며 우리 주 예수 그리스도의 통치를 경험하게 될 것입니다. 바로 이것이 성취되도록 우리는 기도하는 것입니다.[3]

우리는 자신이 사는 곳과 전 세계에서 하나님의 나라를 위해 일하고 있는 사람들을 위해 이 기도를 확장할 수 있습니다.

뜻이 이루어지이다

주기도의 세 번째 간구는 "(주님의) 뜻이 하늘에서 이루어진 것같이 땅에서도 이루어지이다"입니다. 하나님의 뜻이 하늘에서는 어떻게 이루어집니까? 끊임없이, 전적으로, 그리고 기쁨 가운데 이루어집니다. "(주님의) 뜻이 이루어지이다"라고 기도함으로써 우리는 하나님과 적극적이고 전적인 협력 관계를 맺게 됩니다. 그 기도는 먼저 "주님의 뜻이 이 땅의 제가 사는 곳에서는 저에 의하여 이루어지길 원합니다"라는 뜻입니다.

예수님께서는 우리가 자신을 하나님의 목적들에 일치시켜, 우리 삶을 통해 세상에 영향을 미칠 수 있는 기회를 하나님께 드리라고 가르치십니다. 사실 우리는 "주님께서 저의 속에 행하시기 원하는 것과 저를 통해 행하기 원하시는 것을 행하십시오. 그리고 저의 환경 가운데서 주님의 뜻대로 하십시오" 하고 기도해야 합니다.

"뜻이 이루어지이다"는 소극적인 기도가 아닙니다. 그것은 자포자기한 상태의 "될 대로 되라" 식의 기도가 아닙니다. 하나님이 누구인지 알고 그에게 굴복한다는 것은 그의 계획들을 기쁨으로 받아들이는 것을 의미합니다. 때때로 우리는 하나님께 굴복하면 재앙과 무서운 시련이 오는 것이 아닐까 하고 두려워하기도 합니다. 우리는 체념하며 의심에 싸인 채 "주님의 뜻대로 이루어지이다" 하고 기도하기도 합니다. 그런 때 하나님께서는 축복과 깊은 만족을 주사 우리를 놀라게 하십니다.

하나님의 뜻이 우리 삶에서 이루어지도록 기도할 뿐더러 우리는 하나님 나라 안팎의 다른 사람들, 즉 동료 그리스도인들과 그리스도인 일꾼들 및 그들의 전도 대상자들을 위해서도 이 기도를 해야 합니다. 우리는 또 정부 지도자들을 위해서도 기도하되, 하나님께서 그들에게 지혜와 용기를 주시고 그들로 올바르고 주님의 나라에 도움이 되는 결정들을 내릴 수 있게 인도하시도록 기도하며, 하나님께서 모든 환경을 다스려 주시도록 간구해야 합니다. 우리는 또한 하나님께서, 복음이 널리 확장될 수 있게 정치, 경제, 사회의 여러 상황을 주장해 주시도록 기도할 수 있습니다. 앨런 레드패스는 다음과 같이 말했습니다.

> 우리가 조용히 이 기도를 할 때마다 우리는 모든 인간 고통의 근저를 어루만지게 되고, 그 제거를 위해 기도하는 셈이 됩니다… 성령께 순복하고 하나님의 뜻에 전적으로 굴복하는 그리스도인이야말로 하나님의 나라를 일으키는 세계 혁명의 가장 강력한 요소가 되는 것입니다.[4]

개인 적용

1. 이 장에서 하나님에 관하여, 또는 나의 기도에서 어떻게 그를 영화롭게 할 수 있는지에 관하여 배운 것 중 가장 감명 깊은 내용은 무엇인가?

2. 이에 대해 나는 어떤 실천 방안을 세울 수 있는가?

주:

1. A. W. Tozer, *The Root of the Righteous* (Christian Publications, Inc., 1955), pages 14-15.
2. O. Hallesby, *Prayer* (England: InterVarsity Press), page 105.
3. Alan Redpath, *Victorious Prayer* (Fleming H. Revell Company, 1957), pages 55-56.
4. Redpath, pages 53,59.

6

일용할 양식

> 기도는 하나님의 관심들로 시작되고
> 그 다음에 인간의 필요가 따라 나올 때라야
> 주님의 이상을 성취합니다.
> —G. 캠벨 모건

주기도의 처음 세 간구는 하나님과 그의 영원한 관심들에 초점을 맞추고 있습니다. 나중의 네 가지 간구는 우리 인간의 필요와 연관되어 있습니다.

일용할 양식

"오늘날 우리에게 일용할 양식을 주옵시고"(마태복음 6:11). 이것은 우리 육신의 필요들을 위해 하는 기도의 신성한 선례입니다. 하나님께서는 친히 그의 자녀들의 일상적인 필요들에 깊은 관심을 가지고 계십니다. 하워드 한센 박사는 이 점을 이렇게 강조했습니다. "계속적이고 큰 필요 중 하나는 몸의 생명을 보존하고 그 건강과 활력을 유지시키는 것입니다… 기도는 푸른 하늘 저편에 한정된 어떤 것이 아니라 이 땅 위의 우리 삶에 실제로 영향을 미칠 수 있는 것입니다."

"양식"은 "음식물"을 의미하지만 또한 의복이나 주택같이 우리 삶에 필요한 물질적이고 실제적인 관심사도 여기에 해당됩니다. 하나님께서는 그리스도 안에서 영광 가운데 그 풍성한 대로, 우리가 원하는 것뿐만 아니라 우리가 필요로 하는 모든 것들을 공급해 주실 것을 약속하십니다. 우리는 날마다 우리에게 필요한 것들을 위해 기도해야 하는데, 이것은 우리가 계속 그를 의지할 수 있도록 도와줍니다.

이 기도가 하나님의 관심사들-그의 이름, 그의 나라, 그의 뜻-에 중점을 둔 간구들에 뒤이어 나오는 점을 주목하십시오. 하나님의 관심사들을 우선적으로 생각하는 사람들에게 예수님께서는 "그리하면 이 모든 것을 너희에게 더하시리라"(마태복음 6:33)고 약속하십니다. 친한 친구 하나는 가끔 이런 말을 합니다. "아내와 나는 '우리는 그럴 만한 경제적 여유가 없어'라는 말을 하지 않기로 했네. 만일 우리에게 어떤 일에 필요한 돈이 없다면, 그 일은 하나님의 뜻이 아니거나 아직 그 일을 하기 위한 하나님의 때가 아님을 의미하기 때문이네."

가난하든지 부요하든지

이 세상의 많은 사람들이 굶주린 채 살아갑니다. 그래서 당장 오늘의 일용할 양식을 위해 기도하여 오늘을 위한 특별한 공급을 받아야 하는 형편에 놓여 있습니다. 궁핍한 가운데 처할 때, 우리는 기도하고 하나님을 의뢰하며, 기도를 통해 물질적 공급을 받는 감격을 맛보는 기회를 갖게 됩니다.

이상하게도, 가난한 사람들뿐 아니라 넉넉한 사람들도 물질적 경제적 안정에 대해 염려를 합니다. 넉넉히 가지고 있을 때 우리는 이렇게 기도할 수 있습니다.

주님, 주님께서 저를 위해 계속적으로 공급해 주시는 것을 알고 있습니다. 저의 식량, 저의 의복, 저의 거처, 이 모든 것이 주님께로부터 온 것입니다. 주님의 공급에 대해 감사드립니다! 저로 하여금 주님을 첫자리에 모실 수 있게 해주시고, 그리하여 재정적 손실이나 경제난을 당할 때조차도 저의 모든 필요들이 늘 채워지리라는 주님의 약속을 믿고 의지할 수 있게 도와주십시오. 저로 후히 드릴 수 있게 해주셔서 물질적으로 영적으로 주님의 풍요를 맛보게 해주십시오(잠언 11:24-25, 19:17, 마태복음 6:31-33, 고린도후서 9:6-11 참조).

우리의 재정적 형편이 어떠하든지 우리는 우리 아버지 앞에 가지고 나아가야 할 육신적 필요들이 있습니다. 우리는 날마다 건강과 활력을 위해 기도할 수 있습니다. "주님, 우리에게 필요한 차를 싼 값에 살 수 있게 해주시고 여기서 절약된 돈을 주님을 위해 쓸 수 있게 해주십시오"라고 기도할 수도 있습니다. 직장을 구하는 일, 예상되는 봉급의

삭감, 또 우리 수입으로는 감당할 수 없는 예기치 못한 의료비 지출이 없도록 기도할 수도 있습니다.

아내 룻이 첫 남편을 잃고 지내던 어느 해 11월, 갑상선 수술 때문에 그녀의 은행 잔고가 거의 바닥나게 되었습니다. 12월이 되자 그녀와 아이들은 식탁에 둘러앉아 그들의 필요에 대해 기도했습니다. 딸 도린은 하나님께서 전에 여러 가지 필요를 채워 주신 것들에 대해 감사했고, 룻은 몇 가지 간구를 했으며, 아들 브라이언은 하나님께서 응답해 주실 방법에 대해 미리 감사했습니다. 그 달로 하나님께서는 병원비와 그 밖의 모든 필요들을 공급해 주셨고, 거기다가 "크리스마스 특별 선물"에 해당되는 또 다른 것도 주셨는데, 그것은 기도에 대한 또 하나의 응답이었습니다.

특별한 재정적 필요가 있는 가정에서는 그들의 일용할 양식을 위해 기도하면서 놀라운 기회를 갖게 됩니다. 고등학교에 다닐 때, 브라이언은 하나님께서 기도에 응답하여 가족에게 필요한 것을 그때그때 공급해 주시는 것을 보았습니다. 그는 이런 말을 했습니다. "어머니, 전 하나님께서 제 기도에 응답해 주시는지는 확실히 모르겠어요. 하지만, 어머니의 기도에는 분명히 응답하시는 것을 압니다." 이 사실을 아는 그는 하나님께서 자신의 기도에도 응답해 주실 것을 믿는 마음의 준비가 되었습니다.

낯선 도시 낯선 나라로 자주 이사를 다니면서 우리는 종종 신명기 1:32-33 말씀을 가지고 집을 위해 기도하곤 했습니다. "너희 하나님 여호와… 그는 너희 앞서 행하시며 장막 칠 곳을 찾으시고… 너희의 행할 길을 지시하신 자니라." 우리는 이사 가기 전에 가능한 한 오래 전부터 기도하기 시작했고, 주님께서는 종종 놀라운 방법으로 공급해 주셨습니다. 최근에 있었던 우리의 필요는 미국에서 휴가를 보낼 때 거주할 집이었습니다. 한번은 하나님께서 우리가 집을 필요로 했던 꼭 5개월 동안 아이오와 주의 에임즈에서 내부 가구가 완전히 갖춰진 집을 공급해 주신 적이 있는데, 꼭 그 기간 동안 집 주인인 노부부가 추운 중서부 지방을 떠나 플로리다에 가서 겨울을 보내기 때문이었습니다. 그 다음 휴가 때는 처남인 제이크가 자기가 세를 놓고 있는 집에 살게 해주었습니다. 우리가 이사해 들어가야 하는 주간에 뜻하지 않게 그 집에 세 들어 살던 사람이 계약 기간을 어기고 이사를 나갔기 때문에 우리가 이용할 수 있게 되었던 것입니다.

내적 자원

주기도에 나오는 "일용할 양식"은 육신적 필요들을 가리키는 것이지만 우리는 영적 또는 감정적 필요에 대해서도 똑같이 기도할 수 있습니다. "내가 곧 생명의 떡(양식)이니"라고 한 예수님의 말씀은 그가 우리의 내적 필요들을 채워 주실 수 있다는 의미입니다(요한복음 6:35 참조). 그리스도 안에서 우리는 풍성한 삶을 사는 데 필요한 모든 자원을 가지고 있습니다. "주님, 오늘 제가 주님을 저의 생명의 양식으로 먹을 수 있게 해주십시오. 저의 주림과 목마름과, 저의 여러 책임과 관계들을 위해 필요한 양식이 되어 주십시오."

끌레르보의 베르나르는 그리스도를 '먹는'(요한복음 6장 참조) 기쁨에 대한 이런 찬송가를 지었습니다.

우리는 주님을 맛보나이다, 오 생명의 산 떡이여.
영원히 주님을 즐기며 잔치하길 간절히 바라나이다.
우리는 주님을 마시나이다, 생명의 샘물이시여.
우리 영혼이 목말라 주님으로 축이길 원하나이다.

일용할 양식을 위해 기도할 때, 우리는 하나님 앞에서 우리를 낮추고 우리 삶에 필요한 세세한 것들에 대해서 그를 의지할 수밖에 없다는 것을 시인하게 됩니다. 이렇게 할 때 우리는 물질적 및 영적 필요를 채워 주시는 그의 은혜를 맛보게 됩니다. 그는 교만한 자를 대적하시되 겸손한 자에게는 풍성한 은혜를 주시는 분이시기 때문입니다 (야고보서 4:6 참조).

개인 적용

1. 기도하는 마음으로 이 장을 복습하고 당신이 기도하길 원하는 두세 가지의 육신적 혹은 영적 필요들을 적어 보십시오.

2. 이 필요들 가운데 하나를 택하여 주님께서 응답해 주실 때까지 그것에 대해 기도하십시오.

7
우리 죄를 사하여 주옵시고

> 나는 우리 병원의 환자들이
> 사죄의 확신을 가질 수만 있다면
> 그중의 절반은 내일이라도
> 퇴원시킬 수 있습니다.
> -영국의 어떤 큰 병원 원장

"우리가 우리에게 빚진 자를 탕감하여 준 것같이 우리의 빚도 탕감하여 주옵시고." 이것이 마태복음에 나오는 주기도의 헬라어 원문의 뜻입니다(마태복음 6:12 참조). 누가복음은 우리가 탕감받아야 할 빚이 어떤 종류의 것인지 더욱 분명히 보여 주고 있습니다. 그것은 은행이나 지주에게 진 것이 아니라 하나님께 진 빚입니다. "우리가 우리에게 죄지은 모든 사람을 용서하오니 우리 죄도 사하여 주옵시고"(누가복음 11:4).

우리의 모든 죄, 즉 과거와 현재와 미래의 모든 죄는 그리스도께서 십자가 위에서 다 해결하셨습니다. 우리가 그를 믿음으로써 그는 거룩하신 하나님 앞에서 우리 죄를 영원히 도말하셨으며, 결코 그 죄를 다시 우리에게 떠맡기는 일은 없습니다. "얼마나 복되랴. 마음이 간사하지 않고 여호와께서 죄를 묻지 않는 이들은!"(로마서 4:8, 현대어성경). 우리 믿는 이들의 죄는 자백하기까지는 우리 양심에 압박을 주고 우리 아버지와의 친밀한 교제를 방해하지만, 그것이 우리를 죄인의 위치로 되돌아가게 하여 하나님 보시기에 원수 된 자로 만드는 일은 결코 없습니다. 우리는 그 죄에 대한 형벌로부터 완전히 자유롭습니다. 우리는 완전한 용서를 받았기 때문에, 하나님께서는 우리가 용서해 주는 자들이 되길 원하십니다.

우리가 다른 사람을 용서하듯이 우리를 용서하소서

나는 오랫동안 이 기도의 두 부분, 즉 하나님의 용서와 우리의 용서를 어떻게 연관시켜야 할지 몰라 고심했습니다. 하나님께서는 우리가 다른 사람들을 용서해야만 우리를 용서하시는가? 그의 용서는 오직 그리스도께서 값을 치른 데 기인하는 것이 아닌가? 이 간구에서 예수님께서 염두에 두고 계시는 것은 용서하는 태도입니다. 다른 사람들과의 관계에서 나의 마음은 온유하고 성령의 음성에 귀를 기울이는가, 아니면 용서할 줄 모르고 분을 품으며, 경직되어 있고 위압적이지는 않은가? 용서하지 않는 태도는 하나님과의 교제를 해치고 기도를 방해합니다.

하나님께 나아가 나의 죄를 용서해 주시길 구하면서, 막상 나는 다른 사람을 용서하기를 꺼린다면 그 기도는 "주님, 저의 그 죄는 용서해 주시고, 제가 꼭 붙잡고 있는 쓴

뿌리와 적대감은 그냥 눈감아 주십시오" 하고 말하는 것과 마찬가지입니다. 하나님께서는 이렇게 말씀하십니다. "아니다. 깨끗하게 되도록 진지하게 구할 수 있으려면 너는 먼저 네게 실수를 하거나 죄를 지은 사람을 용서해야 한다." 하나님께서는 결코 용서하기를 꺼리시는 분은 아닙니다. 용서는 항상 그의 마음으로부터 흘러나오고 있습니다. 그는 항상 우리와 온전한 교제를 나누기를 간절히 원하십니다. 그러나 내가 입으로는 하나님의 용서를 구하지만, 나의 용서하지 않는 마음이 그의 용서가 나에게 임하지 못하도록 문을 잠가 버릴지도 모릅니다. 어쩌면 나의 부정적인 태도가 내 눈을 멀게 하여 깨끗케 함을 받아야 할 필요성을 보지 못하게 하고, 결국 나는 용서를 구하기조차 하지 않을지도 모릅니다.

흰개미 떼가 집 한 채를 무너뜨리듯, 용서하는 데 실패하는 것이 나의 영적 건강을 잠식합니다. 마태복음 18장에서 예수님께서는 한 비유로 말씀하셨습니다. 수백만 달러에 해당하는 빚을 탕감받은 어떤 사람이 자기는 겨우 몇 백 달러 정도밖에 안 되는 빚도 탕감해 주기를 거절했습니다. 그 결과, 그의 주인은 노하여 그 빚을 다 갚도록 그를 옥졸들에게 붙였습니다.

이 이야기를 하시고 예수님께서는 말씀하셨습니다. "너희가 각각 중심으로 형제를 용서하지 아니하면 내 천부께서도 너희에게 이와 같이 하시리라"(마태복음 18:35). 얼마나 많은 사람이 누군가를 용서하지 않음으로 인하여 마음과 생각과 때로 육신까지 고통을 당하고 있는지 모릅니다. 금속을 부식시키는 산(酸)처럼 우리를 쇠잔하게 하는 것은 아마도 분노나 증오의 쓰라림일 것입니다. 그것은 어쩌면, 우리가 "네 이웃을 네 몸과 같이 사랑하라"(갈라디아서 5:14 참조)는 하나님의 명령에 순종하지 않기 때문에 오는 자기 정죄의 고통일지도 모릅니다. 또는 내적 갈등과 영적 공허감에서 비롯되는 고통인지도 모릅니다. 하나님의 용서와 사랑을 누리는 유일한 길은 우리에게 죄지은 사람을 마음으로부터 용서하는 것입니다. 하워드 한센 박사의 말은 우리가 용서해야 하는 이유를 이해하는 데 도움을 줍니다.

> 예수님께서는 우리가 하나님께 받는 용서의 **대가**가 다른 사람들을 용서하는 것이라고 가르치고 계시지 않습니다… 또 예수님께서는 하나님의 용서를 얻기 위해 우리가 해야 하는 일은 오직 용서하는 것이며, 다른 사람들을 용서함으로써 우리는 우리를 용서하셔야 하는 의무를 전능하신 하나님께 부과하는 것이라고 가르치고 계시는 것도 아닙니다… 하나님의 용서는 단지 우리 자신의 용서하는 마음이 메아리가 되어 되돌아오는 것이 아닙니다. 오히려 그 반대입니다. 위대하신 하나님의 용서에 대한 생각이… 우리 자신을 책망하고 우리 마음을 부드럽게 하여 우리가 다른 사람들을 기꺼이 용서할 수 있게 만들어야 합니다.

하나님의 용서

하나님께서 만약 우리가 다른 사람을 용서하는 것과 똑같은 방식과 똑같은 정도로만 우리를 용서하셨다면 어떻게 되겠습니까? 우리는 큰 곤란 가운데 처해 있을 것입니다. 그는 우리의 모든 생각, 사적인 말, 은밀한 행동 등을 다 알고 계십니다. 만약 우리가 다른 사람들에게 요구하듯 하나님께서 우리에게 요구하신다면 우리는 아무 소망이 없을 것입니다. "주 여호와여, 만약 주님께서 우리 죄를 마음에 두고 계신다면 기도에 대한 응답을 받을 자가 누가 있겠습니까? 그러나 주님께서는 용서하십니다! 이 얼마나 경외할 만한 일인지요!"(시편 130:3-4, Living Bible).

다행히도, 광대한 우주가 우리가 사는 조그만 지구에 비할 바가 아니듯 하나님의 용서는 우리의 용서에 비할 바가 아닙니다. 그는 우리가 알고 있는 적극적인 죄와 소극적인 죄뿐 아니라 우리의 숨은 허물들도 용서해 주십니다(시편 19:14 참조). 그는 즉시 용서하시고 영원히 기억지 않으십니다. 그는 우리의 용서가 그의 용서처럼 완전하길 기대하시지는 않지만, 우리가 신속히 용서하는 면에서, 또 용서하는 용량에서 자라 가기를 기대하십니다.

나의 용서하지 못하는 마음을 자백하지만 여전히 분노가 내 마음을 떠나지 않으면 어떻게 합니까? 그 최선의 치료책은 예수님께서 십자가 위에서 감당하신 내 죄의 엄청난 무게와 나의 이 엄청난 빚을 다 탕감하고 그의 가족으로 맞아들이신 하나님의 용서와 자비를 묵상하는 것입니다. 나는 그리스도의 성령께서 이런 진리들을 통해 내 마음을 부드럽게 해주시도록 할 수 있으며, 그렇게 할 때 그의 능력을 힘입어 "서로 인자하게 하며 불쌍히 여기며 서로 용서하기를 하나님이 그리스도 안에서 너희를 용서하심과 같이 하라"는 에베소서 4:32 말씀에 순종할 수 있게 됩니다. 분노가 아직 완전히 사라지지 않을 때 나는 성령께 그것을 없애 주시고 그리스도의 사랑으로 대신 채워 주시도록 구할 수 있습니다. 로드 허버트는 이렇게 말했습니다. "다른 사람을 용서하지 못하는 사람은 자신이 건너야 할 다리를 부숴 버리는 것입니다."[1]

태만의 죄

용서를 구하는 것은 실제 저지른 잘못된 행동들을 자백하는 것 그 이상입니다. 우리는 또한 우리의 실수와 태만을 자백해야 합니다. "주님, 저는 아주 나쁜 짓은 한 적이 없습니다"라고 말하는 것만으로는 부족합니다. 우리는 이렇게 여쭈어 보아야 합니다. "제가 과연 마땅히 해야 할 일을 다 했는지요?" 하나님께서는 우리에게 잘못된 행동과 태도를 피할 뿐 아니라 올바른 것은 더욱 발전시켜야 할 책임을 주셨기 때문에, 행동으로 순종하지 않거나 마음으로 반응을 하지 않는 것은 태만에 의한 빚이 됩니다. 빚이란 갚아야 하는데 갚지 않은 것이기 때문입니다.

우리는 하나님께 어떤 빚을 지고 있습니까? 우리는 그에게 우리의 온전한 사랑을 드려야 합니다. 우리는 그에게 계속적인 찬양과 감사의 제사를 드릴 빚을 지고 있습니다. 또한 우리는 우리 몸을 그의 도구로 드려야 하는 빚을 지고 있습니다. 우리 모두는 우리 일생을 그에게 다 드려야 할 빚을 지고 있습니다. 우리가 그에게 진 빚이 얼마나 엄청난지! 사랑, 친절, 인내, 다른 사람의 유익을 먼저 구하는 것 등, 우리가 다른 사람에게 지고 있는 빚은 또 얼마나 큰 것인지! 그러므로 우리는 "우리 죄를 사하여 주옵소서"라고 기도해야 합니다.

하지 말아야 할 것을 행한 적극적인 죄뿐만 아니라, 행해야 할 것을 행하지 못한 죄, 즉 나태에 의한 소극적인 죄도 인식함으로써 우리 자신은 겸손해져야 합니다. 놀랍기만 한 하나님의 아낌없는 용서에 대해 감격하여 우리는 감사의 마음을 나타내야만 합니다. "주는 선하사 사유하기를 즐기시며 주께 부르짖는 자에게 인자함이 후하심이니이다"(시편 86:5).

우리가 주님께 죄의 용서를 구할 때 우리는 다음 기도에 나타난 것과 같은 마음의 태도를 가져야 합니다.

주님, 저는 청결한 양심을 가지며 주님과 다른 사람들과 올바른 관계를 **유지하고** 싶습니다. 제 자신의 낡은 틀을 벗어 버리며 진흙투성이의 우회하는 길을 빠져나와 주님과 친밀히 교제하며 "거룩한 대로(大路)"(이사야 35:8)를 걷고 싶습니다.

개인 적용

1. 나는 누군가에 대해 용서하지 못하는 마음을 품고 있는가? 또는 내 삶에서 그 밖에 자백하지 않은 죄가 있는가?

2. 나는 이 점에 대해 어떻게 해야 하며, 그것을 언제 실천하겠는가?

주:

1. Lord Herbert, as quoted by John MacArthur, Jr., in *Jesus' Pattern of Prayer* (Moody Press, 1981), page 131.

8

우리를 구하옵소서

> 저는 제 안에 항상 깨어 경건한 두려움에 근거한
> 행동 원리를 가지며, 죄에 대한 예민한 감각을 가지며,
> 죄가 가까이 있을 때 아픔을 느낄 수 있기를 원합니다.
> 제가 교만이나 잘못된 욕심이 생기기 시작하는 것을 느끼며,
> 의지의 방황을 파악하고, 타오르는 정욕의
> 불길을 끌 수 있게 도와주소서.
> —찰스 웨슬리

우리를 시험에 들게 하지 마옵시고

신약성경에 나오는 시험이라는 말은 죄에 대한 유혹을 뜻할 수도 있고 시련(어려움이나 문젯거리)을 의미할 수도 있습니다. 하나님께서는 우리의 성장을 위해 시련이 오는 것은 허락하시지만, 우리가 죄를 짓도록 유혹하시는 일은 결코 없습니다. 죄로 유혹하는 것은 사탄, 세상, 그리고 우리의 악한 성품입니다.

하나님께서는 우리를 죄로 유혹하시지는 않지만, 우리를 위험과 역경으로부터 격리시켜 두지도 않으십니다. 하나님께서 우리 삶 가운데 허락하시는 모든 시련에는 죄의 유혹이 수반됩니다. 즉, 우리 자신의 해결책을 고집하려고

하거나, 단순히 하나님을 의뢰하지 않으려 하는 것과 같은 유혹이 오는 것입니다. 하나님과 사탄은 모두 우리의 시련을 통해 추구하는 목적이 있습니다. J. 오스왈드 샌더스는 그 각각의 목적이 무엇인지 설명하고 있습니다.

> 하나님께서 그 자녀들에게 시험을 허락하시는 것은 금을 정련하듯이 그들을 연단하심으로써 그들 속에서 찌끼를 제하여 더욱 거룩한 성품을 빚어내고자 하심입니다. 그러나 마귀는 그들을 죄에 빠뜨리기 위하여 유혹합니다.[1]

하나님께서는 우리를 강하게 하고 변화시키기 원하십니다. 사탄은 우리가 하나님을 거스르고 불신과 실망과 불순종에 빠지도록 이끌기 원합니다. 그는 우리의 영적 형통까지도 우리를 교만과 자만에 빠뜨리는 데 이용하려 합니다. 이 여섯 번째 기도 제목은 마태복음 26:41의 예수님의 명령과 유사합니다. "시험에 들지 않게 깨어 있어 기도하라. 마음에는 원이로되 육신이 약하도다." 우리는 시험이 없는 삶을 위해 기도할 것이 아니라 죄의 유혹으로부터 보호해 주시고 구해 주시도록 기도해야 합니다. 그러므로 우리는 이런 식으로 이 간구를 할 수 있습니다. "주님, 저를 인도해 주십시오. 저로 하여금 죄의 유혹으로부터 벗어나며, 그릇된 행동이든 제 편에서 마땅히 해야 할 올바른 일을 하지 않는 것이든 간에 죄에 이르는 길로 들어가지 않게 해주십시오."

하나님께서는 우리 힘으로 감당치 못할 시험이나 유혹을 결코 허락하지 않으시며 항상 피할 길을 마련해 주신다고 약속하십니다(고린도전서 10:13 참조). 그러므로 우리는 감사하는 마음으로 이렇게 기도할 수 있습니다. "주님께서는 절대주권자이시요, 보이지 않는 중에 저의 모든 상황을 주장하시는 분으로서, 제가 당하는 시험에 한계를 정하시고 유혹을 피하기 위한 길을 예비해 주시는 데 대해 감사를 드립니다." 그 다음에는, 시험이나 유혹을 받을 때 우리는 하나님께서 마련해 주시는 안전 출구를 찾고 그것을 이용해야 합니다.

하나님께서는 우리에게 청년의 정욕을 피하고 힘써 우리를 지키며, 우리를 곁길로 이끄는 교제를 피하라고 명하십니다. "속지 말라. 악한 동무들은 선한 행실을 더럽히나니"(고린도전서 15:33). 우리는 주님께로부터 얼마나 멀리 떨어져도 안전한지를 알아보려 하지 말고, 얼마나 주님께 가까이 갈 수 있는지를 알아보아야 합니다. 그러므로 유혹에 빠지지 않도록 다음과 같이 간구함으로 우리는 죄악을 피하고자 하는 마음을 더욱 확실히 해야 합니다. 폭포 가까운 곳에서 수영하기를 원치 않듯이 유혹에 가까이 가기를 원치 않는다고 하나님께 말씀드리십시오. 하나님께 결국 죄에 이르는 어떠한 출발도 우리가 하지 않게 인도해 주시길 구하십시오. 우리와 마찬가지로 유혹을 받았지만 결코 죄에 굴복하진 않으신 예수님을 더욱 닮아 가게 도와주시도록 간구하십시오. 그는 항상 승리의 삶을 사셨고 우리가 그러한 삶을 살기를 원하시는 것입니다.

다만 악에서(악한 자에게서) 구하옵소서

이 마지막 간구는 바로 앞의 간구와 관련이 있지만 더 많은 의미를 내포하고 있는데, 즉 악한 자에게서 구해 주시도록 기도하는 것입니다. 사탄은 하나님의 자녀들을 유혹하는 일 그 이상을 합니다. 사탄이라는 이름은 "대적자" 또는 "반대자"라는 뜻입니다. 삼위일체 하나님의 철저한 대적자인 그는 자기 권세로부터 하나님의 나라로 옮겨진 각 사람의 흉악한 적입니다. 우리는 그의 공격으로부터 우리를 건져 주시도록 하나님께 기도해야 합니다.

그리스도를 믿기 전에, 공군에 복무하는 친구가 나에게 전도할 때 나는 이렇게 물은 적이 있습니다. "왜 사탄은 사람들, 특히 그리스도인들에게 그처럼 악랄하고 앙심을 품고 있지? 그렇게 하면 자기에게 무슨 이익이 돌아가지? 어쨌든 그는 지옥에 갈 수밖에 없는 운명인데 왜 다른 사람들을 함께 데려가려고 그처럼 안달이지?"

내 친구는 이렇게 대답했습니다. "그의 본래 됨됨이가 그래서 그래."

본래부터 사탄은 악한 자요 초자연적 반역자이며 거짓말쟁이에다 살인자입니다. 그의 힘은 막강하고 그의 술수는 교묘합니다. 그는 우리를 꾀어 죄, 극단적인 생각, 거짓 교리, 신비주의 등에 빠뜨리려고 합니다. 그는 우리가 그리스도를 섬기지 못하도록 방해하려고 합니다. 그는 우리를 비난하고 정죄하며, "재판장이신 하나님께서 친히 우리를 죄 없다고 판결하셨다"(로마서 8:33, 필립스 역)는 사실을 인식하지 못하게 하려고 합니다. 사탄은 주 예수 그리스도를 헐뜯는 데에 몰두하고 있는데, 흔히 우리를 공격함으로써 그리스도를 공격합니다.

사탄은 우리 홀로 대항하기에는 너무 강하지만, 말씀과 기도로 그를 물리칠 수 있습니다. 우리는 대적할 자 없는 우리 아버지께 사탄으로부터 우리를 구해 주시도록 간구해야 합니다. "(주님의) 뜻이 이루어지게" 하는 데 우리 마음이 드려져 있다면 그는 틀림없이 우리를 구해 주실 것입니다.

사도 베드로는 이렇게 권면합니다. "근신하라. 깨어라. 너희 대적 마귀가 우는 사자같이 두루 다니며 삼킬 자를 찾나니, 너희는 믿음을 굳게 하여 저를 대적하라"(베드로전서 5:8-9). 우리는 사탄에 대하여 경계를 게을리 해서는 안 됩니다. 우리는 감히 그의 악한 길과 가르침에 빠지거나 경험해 보려는 생각은 하지 말아야 합니다. 다니엘이 사자굴에 던져졌을 때 하나님께서 그와 함께하셨지만, 다니엘이 하나님의 능력을 시험해 보거나 위험한 장난을 한번 해볼 양으로 그 굴에 들어간 것은 아닙니다.

방어 기도

주기도의 처음 세 간구는 하나님의 이름, 하나님의 나라, 하나님의 뜻 등 하나님과 관계 된 것들입니다. 네 번째와 다섯 번째 간구는 우리에게 매일 필요한 양식과 용서를 구하는 것입니다. 마지막 두 가지는 죄와 사탄에 대항하기 위해 기도할 것을 가르치고 있습니다. 이처럼 일곱 가지 기도 내용 중 두 가지는 방어적인 기도입니다. 방어를 위한 기도를 하는 것은 중요합니다.

당신은 얼마나 자주 방어 기도를 합니까? 나는 로버트 멍거 박사를 통하여 처음으로 방어 기도에 관심을 기울이게 되었는데, 그의 모범과 기도와 사역은 나의 삶에 크게 도움이 되었습니다. 그동안 삶을 통해 나는 일어나지 말았으면 하는 일들, 곧 주님의 영광을 흐리게 하고 나의 영적인 삶을 해치는 일들에 대해 기도하는 것이 하나의 안전장치가 되는 것을 알았습니다.

당신이 사탄의 입장에 있다면, 당신에 대해 어떤 계략을 꾸미겠습니까? 당신의 약점은 어디에 있습니까? 어디에 공격 목표를 두겠습니까? 그가 당신을 어떻게 유혹할지에 대해 생각해 볼 때 머리에 스치는 것은 어떤 영역입니까? 정욕이나 교만입니까? 자기 연민입니까? 기도하지 않는 것이나 잘난 체하는 태도는 아닙니까? 지나치게 사람을 의지하는 것입니까? 도가 지나칠 정도로 절제하지 못하는 것입니까? 하나님이나 다른 사람에게 쓴 뿌리를 가지고 있는 것입니까? 부정직이나 영적 냉담은 아닙니까? 이것들은 영적으로 어린 그리스도인이나 성숙한 그리스도인이나 모두 대항해 싸워야 할 육체의 일들입니다.

빌리 그래함은 적어도 세 가지 것들을 경계하여 기도하는데, 즉 이성과의 온전치 못한 관계, 돈을 사랑하는 것, 교만에 대해서입니다. 특히 마지막 것에 대해서는 "나는 내 영광을 다른 자에게… 주지 아니하리라"고 한 이사야

42:8 말씀을 그는 자주 인용합니다.

도슨 트로트맨은 이 세 가지뿐 아니라 네 번째로 "비판적인 마음과 혀"로부터 자기를 지켜 주시도록 하나님께 기도했습니다.

때로 나는 잘못된 교리와 영적 냉담 때문에 곁길로 빠지지 않도록 기도하기도 합니다. 나의 방어 기도 제목은 다음과 같습니다.

정욕 즉 온전치 못한 이성 관계
탐욕 즉 소유 지향적 태도
교만
비판적인 마음과 혀
잘못된 교리
영적 냉담

아내 룻은 방어 기도 시에 이것들 중 여러 가지에 대해 기도하며, 또한 염려, 독립적 기질, 인정받지 못할 것에 대한 두려움 등에 대해서도 기도합니다.

사탄이 당신을 유혹할 수 있는 주된 영역을 적고, 이런 유혹들에 대비하여 정기적으로 기도하십시오. 당신의 기도 제목을 적는 데 힘을 너무 소진할 필요는 없습니다. 간단히 기록하도록 하고, 그것을 사용하는 것이 중요합니다. 당신이나 내가 우리 약점들을 파악할 수 있다면 사탄도 역시 파악할 수 있습니다. 그는 적어도 우리만큼은 영리합니다. 그러므로 우리는 방어 기도를 해야 합니다.

잠시 멈추어 위에 언급된 것들 중 한 가지에 대해 이렇게 기도하십시오. "주님, 제가 이것의 유혹을 받지 않도록 지켜 주십시오. 사탄의 공격을 물리쳐 주십시오. 사탄과 그의 달콤한 유혹을 대항할 수 있도록 힘을 주십시오. 사탄의 길과 사탄이 주는 가짜 즐거움이 아니라 주님의 길과 주님께서 주시는 참 즐거움들을 제가 택할 수 있게 도와주십시오."

주:

1. J. Oswald Sanders, *Prayer Power Unlimited* (Moody Press, 1977), page 112.

9

나라와 권세와 영광이

나 여기 진리의 바닷가에 서 있노라.
모래알 몇 개를 집어 들었을 뿐,
광활한 바다는 미지인 채 저만치 있도다.
—아이작 뉴턴

마무리 찬양

"**나**라와 권세와 영광이 아버지께 영원히 있사옵니다. 아멘." 이 마지막 문장은 한없이 의미심장한 이 기도의 절정을 이루고 있습니다. 이 장엄한 대단원과 내용을 같이 하는 다른 성경 말씀들 가운데 하나가 역대상 29:11-13입니다.

여호와여, 광대하심과 권능과 영광과
이김과 위엄이 다 주께 속하였사오니,
천지에 있는 것이 다 주의 것이로소이다.
여호와여, 주권도 주께 속하였사오니,

주는 높으사 만유의 머리심이니이다.
부와 귀가 주께로 말미암고,
또 주는 만유의 주재가 되사…
우리 하나님이여, 이제 우리가 주께 감사하오며,
주의 영화로운 이름을 찬양하나이다.

이렇게 하나님의 위대하심을 확증함으로써 우리 기도 시간을 끝내는 것은 얼마나 즐거운 일인지 모릅니다.
　나라가 하나님의 것입니다. 그는 만왕의 왕이십니다. 그는 지금 끝없는 영적인 나라를 다스리고 계시며 세상의 어떤 통치자보다 지극히 뛰어난 위치에 계십니다. 그가 온 세상을 우리 눈으로 볼 수 있게 다스리실 날이 올 것입니다. 우리가 이런 점에 대해 그를 찬양하면, 우리는 자신이 그의 충성스런 백성들인 것을 고백하는 셈이 됩니다.
　권세가 하나님의 것입니다. 온 우주와 지상에서 모든 권세가 그의 것입니다. 그는 은하계를 창조하셨고 다스리고 계시며, 그의 때가 되면 그것의 종말을 가져오실 것입니다. 그는 또한 영적 세계를 다스리고 계시며, 우리 삶이나 처한 모든 상황에서 그가 다스리지 못하는 것은 없습니다. 그에게는 어렵거나 불가능한 것이 없습니다(누가복음 1:37 참조). 이를 인하여 우리는 그에게 감사드립니다.
　영광이 하나님의 것입니다. 그는 찬란히 빛나는 위엄으로 영원 전부터 계신 분이시며, 우리를 구원하기 위해 세상에 오셨고, 심판하기 위해 다시 오실 전능하신 하나님이십니다. 우리는 언젠가 우리도 함께 누릴 영광의 주님이 되시는 그를 예배해야 합니다. 다니엘은 환상 가운데 그 영광을 보고 그것을 이렇게 기록했습니다. "왕좌가 놓이고 옛적부터 항상 계신 이가 좌정하셨는데, 그 옷은 희기가 눈 같고, 그 머리털은 깨끗한 양의 털 같고, 그 보좌는 불꽃이요, 그 바퀴는 붙는 불이며, 불이 강처럼 흘러 그 앞에서 나오며, 그에게 수종하는 자는 천천이요, 그 앞에 시위한 자는 만만이며"(다니엘 7:9-10).

기도에 있어서의 간결성

이 위대한 기도에서 배울 것이 아직 더 남아 있습니다. 이 일곱 가지의 짧고 구체적인 간구를 얼마나 빨리 할 수 있는지 아시겠습니까? 시간을 재보면 이 기도문 전체를 인용하는 데, 생각하면서 한다 해도 20초 정도밖에는 걸리지 않습니다.

아마도 그리스도께서는 그의 사역 중에 여러 번 이 기도를 가르쳐 주셨겠지만, 처음으로 가르쳐 주실 때 제자들은 무척 놀랐을 것이 틀림없습니다. 예수님께 기도하는 법을 가르쳐 달라고 요청할 때 제자들은 아마도 광범위한 교훈을 기대했을 것입니다. 그러나 그 가르침은 간단했습니다. 요즈음 사람들 같으면 그 가르침을 기록하기 위해 펜과 노트를 미처 꺼내기도 전에 그리스도께서는 그 가르침을 끝내셨을 것입니다. 틀림없이 제자들은 우리와 마찬가지로 그 기도의 의미심장함에 대해 깊은 인상을 받았을 것입니다. 그러나 그 간결성 또한 우리의 주의를 끕니다. 20초 만에 일곱 가지 간구를 하기 때문입니다. 그런 정도라면 우리는 1분에 스물한 가지의 간구를 할 수 있을 것입니다. 우리는 짧은 시간에 많은 것을 하나님께 말씀드릴 수 있습니다.

"아, 하지만 예수님께서는 우리가 그렇게 기도하는 것을 원치 않으십니다. 그런 식으로 기도할 수는 없어요"라고 말하는 사람도 있을 것입니다. 주님께서는 당신의 경우는 그처럼 간단한 방식의 간구를 하도록 인도하지 않으실지도 모릅니다. 하지만, 많은 사람의 경우에는 그렇게 할 자유를 주십니다. 긴 기도뿐만 아니라 짧은 기도도 하나님께서 받아 주시며 두 가지가 다 성서적이라는 사실을 깨닫게 될 때 자유로움을 느낍니다. 하지만, 어느 한 쪽이 항상 최선의 방법이 될 수는 없습니다. 우리는 그의 존전에 나아갈 때마다 성령께서 우리 기도를 인도해 주시도록 해야 합니다. 그러나 짧은 기도도 주 예수님께서 친히 가르치시고 실천하여 보이신 합당한 방법이라는 사실을 잊지 마십시오.

다른 사람을 위한 간단한 기도를 할 때, 나는 종종 짧은 성경 구절이나 성서적인 내용으로 간구를 시작하고 성령께서 인도하시는 대로 그것을 좀 더 상세히 풀어 나가곤 합니다. 나는 이런 식으로 기도해 왔습니다. "주님, 리치와 헬렌에게 서로를 향한 깊은 사랑을 주십시오." "주님, 딕과 조우가 주님의 얼굴을 구하고, 주님의 아름다움을 바라보며, 주님의 기쁨을 누리며, 유용한 그리스도인이 되게 도와 주십시오." 때로 나는 좀 더 자세한 내용으로 기도를 시작합니다. "주님, 브라이언이 주님의 말씀과 기도의 삶에서 깊어지고, 유혹을 피하며, 성령의 다스림을 받아 주님의 일을 효과적으로 하도록 도와주십시오." 혹은 더 짧게 "아버지, 브라이언이 깊어지고, 피하며, 쓰임받으며, 건강하도록 도와주십시오"라고 말씀드리는 기도도 하나님께서는 이해하십니다. 나는 내 기도 목록에 있는 여러 제목들을 위해 기도하고자 할 때 이런 것들을 시발점으로 하여 기도를 시작하고 그 다음에 하나님께서 마음속에 떠오르게 해 주시는 다른 것들을 구합니다.

도슨 트로트맨은 햄버거 주문하는 것을 예로 들어 그 점을 설명하곤 했습니다. 우리는 이렇게 말할 필요가 없습니다. "햄버거 속에 넣을 다진 고기를 조금 취하여, 양쪽을 골고루 굽고, 그것을 쪼갠 빵 위에 올려놓은 다음, 양파와 케첩, 겨자, 피클 및 약간의 상추를 올려놓고 다시 빵 반 조각으로 덮어 포장한 뒤에 제게로 갖다 주십시오." 우리는 그냥 "햄버거 하나 주세요"라고만 이야기하면 됩니다. 요즈음 같으면 더 간단히 "빅맥" 혹은 "와퍼"라고 상표만 말해도 됩니다.

주기도의 간구들은 길이가 짧을 뿐더러 내용도 간결합니다. 앨런 레드패스는 주기도의 간결함에 대해 이렇게 강조했습니다. "그것은 실로 너무도 단순하여 어린아이도 이해할 수 있지만, 한편 너무나 심오하여 그 깊이를 헤아릴 수 없습니다… 아마도 우리 가운데 많은 사람들의 문제는 기도 생활에서 어린아이가 되지 않고 기도를 너무 복잡하게 만드는 데 있는 것 같습니다."[1]

말로써 기도해야 한다

주기도에서 한 가지 두드러지는 진리는 예수님께서 친히 요한복음 17장에서 하셨던 위대한 기도에서처럼 말로 기도하도록 제자들에게 가르치셨다는 점입니다. 말없이 침묵하며 경청하는 것도 주님과의 교제에서 있어야 할 합당한 측면이지만 우리는 침묵과 말로 표현된 기도의 균형을 맞추어야 합니다. 자끄 엘륄은 "매우 열렬할지는 모르지만 내용이 없고… 막막한 침묵에 빠져든, 뭐라 말하기 쉽지 않고 의사소통이 불가능한 상태에 몰입되어 있는, 구체적인 언어로 표현되지 않은" 기도에 대해 경고합니다. 그런 기도는 성서적인 기도라기보다는 오히려 힌두교적인 신비주의에 가깝습니다.[2] 하나님께서도 대개 말로써 우리에게 그의 뜻을 소통하시며, 또한 말로써 우리 생각을 그에게 나타내기를 원하십니다. 적어도 마음속으로나마, 우리 기도를 정리해서 아뢰지 않는다면, 우리의 생각은 방황하게 되고 실제적인 기도는 거의 하지 못하게 됩니다.

주님께서는 성경의 여러 기도 중에서 가장 잘 알려지고 널리 쓰이는 이 기도 속에 얼마나 의미심장하고 실질적인 개념들을 담아 주셨는지 모릅니다. 그것은 견줄 만한 것이 없는 본입니다. 우리는 그 간구들을 사용하여 우리의 예배하는 삶을 북돋을 수 있으며, 자신과 다른 사람들의 삶 및 세상에서의 하나님의 목적들에 대해 구체적으로 기도하는 데에 이것들을 활용할 수 있습니다.

이제 잠깐 시간을 내어 이 주기도를 따라 기도하되, 당신 자신의 생각과 구체적인 필요들에 따라 각각의 간구들을 늘려서 기도해 보십시오.

> 하늘에 계신 우리 아버지여,
> 이름이 거룩히 여김을 받으시오며,
> 나라이 임하옵시며,
> 뜻이 하늘에서 이룬 것같이
> 땅에서도 이루어지이다.
> 오늘날 우리에게 일용할 양식을 주옵시고,
> 우리가 우리에게 죄지은 자를 사하여 준 것같이
> 우리 죄를 사하여 주옵시고,
> 우리를 시험에 들게 하지 마옵시고,
> 다만 악에서 구하옵소서,
> 나라와 권세와 영광이 아버지께 영원히 있사옵나이다.
> 아멘.

주:

1. Alan Redpath, *Victorious Praying* (Fleming H. Revell, 1957), page 16.
2. Jacques Ellul, *Prayer and Modern Man* (The Seabury Press, 1970), pages 96-97.

제 III 부
기도의 실제

제 I 부에서는 기도의 원리 및 조건들에 대해서, 제 II 부에서는 주기도의 본에 대해서 살펴보았습니다.
   제 III 부에서는 우리의 기도의 삶을 발전시키기 위한 실제적인 제안들을 다루도록 하겠습니다.

10

지속적인 경건의 시간

> 아침에 나로 주의 인자한 말씀을 듣게 하소서.
> 내가 주를 의뢰함이니이다.
> 나의 다닐 길을 알게 하소서.
> 내가 내 영혼을 주께 받듦이니이다…
> 주는 나의 하나님이시니
> 나를 가르쳐 주의 뜻을 행케 하소서…
> —시편 143:8-10

몇 년 전 네비게이토 선교회의 론 쎄니 회장이 하나님의 사람인 T. J. 바하 박사에게 이런 질문을 한 적이 있습니다. "박사님, 지금까지 오랫동안 주님과 동행해 오시면서 매일 경건의 시간을 지속하기가 점점 쉬워지는 것 같습니까, 아니면 더 어려워지는 것 같습니까?"

바하 박사는 "글쎄요, 쎄니 형제님, 제가 알기로 우리는 대개 자신이 가장 중요하다고 생각하는 일들을 위해 시간을 낸다고 생각합니다"라고 대답했습니다. 그의 대답은 주님과 시간을 보내는 것이 반드시 쉬워지거나 또는 어려워지는 것은 아니라는 사실을 암시하고 있습니다. 그것은 다만 선택과 훈련의 문제입니다.

경건의 시간을 갖는 법

경건의 시간을 매일 15분을 갖든 100분을 갖든, 여기에는 두 가지 즉 하나님의 말씀과 기도가 포함되어야 하며, 각각에 들이는 시간은 대략 반반으로 해야 합니다. 또 경건의 시간을 위한 어떤 책자보다는 성경 말씀 자체에 주력해야 합니다. 그래야 훨씬 큰 유익을 얻게 됩니다.

    S. D. 고든은 기도에 관한 그의 저서에서, 하나님께서는 친히 성경 안에서 말씀하시기 때문에 성경 말씀이 우리의 모든 기도의 기초가 되어야 한다는 사실을 거듭 강조했습니다. 고든은 성경도 하나의 책이긴 하지만 책 그 이상의 것이라고 했습니다. 그는 그 안에 우리가 귀 기울여야 할, 살아 계신 하나님께서 임재하고 계심을 믿었습니다. 그는 성경 읽기를 기도의 듣는 측면으로 설명했습니다. 만약 기도의 듣는 귀가 올바르면 아뢰는 혀도 올바를 것입니다. 하나님께서 말씀을 통하여 가르치시는 바를 마음을 열고 받아들일 때, 우리는 생활과 기도의 영역에서 주님의 가르침을 실천하게 됩니다.

    그리스도를 믿은 후 처음 한두 해 동안 나는 신약성경을 매일 한 장씩 읽었습니다. 때로는 한 장을 다 읽어도 내게 와 닿는 말씀이 하나도 없을 경우도 있었습니다.

    지금은 다음과 같은 방법으로 매일 하나님과 함께하는 경건의 시간을 가지고 있는데, 이것이 내게 많은 유익을 주고 있습니다. 첫째, 기도로 시작합니다. "아버지 하나님, 오늘 주님의 인도와 도우심이 필요합니다. 주님의 말씀을 통하여 제게 일러 주십시오. 제가 깨닫고 순종할 수 있도록 도와주십시오." 때로 조금 더 길게 기도하기도 하지만 이 정도로도 족합니다. 경우에 따라서는 이 장 첫머리에서 인용한 시편 말씀이나 다음과 같은 찬송가 가사를 가지고 기도하기도 합니다.

주님, 제 영혼이 주님을 기다리오니
고요한 중에 말씀해 주소서.
제 마음을 잠잠케 해주셔서
기대에 부풀어 귀 기울이게 해주소서.
오 복되신 주여,
이 고요한 시간에 말씀해 주소서.
주님, 주님의 음성을 듣게 해주시고
주님의 능력의 손길을 느끼게 해주소서.

둘째, 연필이나 펜으로 성경에 표시를 합니다. 표시하는 것은 정신을 집중하고 내용의 핵심을 기억하는 데 도움을 줍니다. 여러 가지 색깔로도 표시해 보았지만 한 가지 색깔을 쓰는 것이 제일 무난한 것 같습니다. 핵심적이거나 마음에 와 닿는 단어나 구절에 밑줄을 긋거나 문단이 긴 경우에는 문단 옆에 줄을 그어 표시를 합니다.

셋째, 성경을 읽으면서 나는 내가 읽은 부분에서 마음에 와 닿는 한 구절을 택하여 여백에 'FV'(Favorite Verse의 머리글자)라고 조그맣게 표시합니다. 비슷하게 좋아 보이는 구절이 여러 개 있으면 기도하는 마음으로 그 경중을 달아보고 하나를 택합니다. 이렇게 재음미하고 정선하는 과정은 나의 말씀 묵상에 생기를 불어넣어 줍니다.

이 방법은 새신자들에게도 도움이 됩니다. 최근 남부 아시아에서, 주님을 믿은 지 단 하루밖에 안 된 한 힌두교 배경을 가진 새신자가 빌립보서 1:20을 자기가 좋아하는 구절로 택하는 것을 보고 놀란 적이 있습니다. "나의 간절한 기대와 소망을 따라 아무 일에든지 부끄럽지 아니하고, 오직 전과 같이 이제도 온전히 담대하여 살든지 죽든지 내 몸에서 그리스도가 존귀히 되게 하려 하나니."

경건의 시간에 읽은 말씀을 기도에 활용하는 법

마음에 드는 구절을 택한 다음 나는 하나님께 그 구절에 대해 더 많은 것을 가르쳐 주시고 그 진리를 내 삶 가운데 실천할 수 있게 도와주시도록 간구합니다. 다음에 그 구절을 사용하여 나 자신과 내 기도 목록에 있는 사람들을 위하여 기도하는데, 어떤 때는 그 구절을 기초로 하여 짤막하게 기도 내용을 적기도 합니다.

어느 날 나는 빌립보서 1장을 읽고 9절을 나의 마음에 와 닿는 구절로 뽑았습니다. "내가 기도하노라. 너희 사랑을 지식과 모든 총명으로 점점 더 풍성하게 하사." 다음에 나는 이런 기도를 적었습니다. "주님, 제가 다른 사람들을 더 사랑하고 크고 작은 일들에 좀 더 분별력을 가지도록 도와주십시오." 이 말씀을 가지고 나 자신을 위해 기도하면서, 나는 사랑 또는 분별력이 부족한 몇몇 인간관계에 대해서도 기도했습니다. 이어 나의 아내를 위해 이 구절의 내용으로 기도할 때는 아내가 더 나은 사랑의 삶을 사는 데 요구되는 다른 필요들이 마음에 떠올랐습니다. 나의 자녀들, 우리 교회 목사님, 동역자, 그리고 내가 최근 주님께 인도한 사람을 위해 이 내용으로 기도할 때도 마찬가지였습니다. 내 마음에 와 닿는 구절이 기도의 기초가 되었고, 성령께서 인도하시는 대로 나는 다른 간구 제목들을 포함시켰습니다.

빌립보서 2장을 읽을 때는 나는 14절과 15절을 택하고 이렇게 적었습니다. "하나님 아버지, 오늘 하루 제가 논쟁과 불평을 하지 않게 도와주십시오. 저로 하여금 주님을 위해 빛을 발하며 다른 사람에게 주님을 전할 수 있게 도와주십시오."

빌립보서 3장에서는 10절이 마음에 드는 구절이었고 이렇게 적었습니다. "아버지, 제가 예수님을 배우는 데 부지런해지며 더욱더 예수님을 잘 알아 가게 도와주십시오."

당신의 마음에 와 닿는 구절을 경건의 시간에 하는 기도의 기초로 사용하면 그것은 당신 마음에 새겨져 그날 하루 동안 더 묵상하고 기도할 수 있으며, '아침에 무슨 말씀을 보았더라' 하고 의아해하는 일도 없을 것입니다. 이와 같은 '마음에 와 닿는 구절'을 고르는 방식은 새신자에게 성경 읽기를 가르치는 데도 아주 좋습니다. 가장 중요한 구절이 아니라 자기가 가장 좋아하는 구절을 결정하는 것이기 때문에 어떤 특별한 배경이나 능력이 필요하지 않습니다. 다른 사람과 함께 경건의 시간을 가질 때는, 그가 영적으로 어리든 성장했든 간에 나는 주님께서 우리를 가르쳐 주시도록 소리 내어 간단히 기도합니다. 그리고는 조용히 그 장을 읽고 마음에 와 닿는 구절을 선택합니다. 다음에는 각자 선택한 구절과 그것을 고른 이유에 대해 이야기합니다. 마지막으로 우리는 자신들을 위해, 서로를 위해, 그리고 다른 사람들을 위해 그 구절의 말씀을 토대로 기도합니다. 그야말로 단순하게 이런 방법으로 경건의 시간을 마치기까지는 그 장에서 깨달은 다른 내용은 나누지 않습니다. 그 후 시간이 있을 때 비로소 우리는 또 다른 축복들과 관련 구절들 혹은 중요한 진리들에 대해서 이야기를 나눕니다.

 미얀마를 여행할 때 아내와 나는 몇 달 전에 내가 그리스도께로 인도한 한 영국인과 함께 지내게 되었습니다. 아침 식사 전에 나와 함께 이 방법으로 경건의 시간을 가지고 나서 그는 "이렇게 성경을 읽는 방법도 있었다니 정말 놀랍군요!"라고 말했습니다. 매일 성경을 읽어 오고는 있었지만 그에게 있어 성경은 한낱 역사책에 불과했던 것입니다. 이처럼 성경의 어떤 한 구절을 통해 하나님께서 비춰 주시는 빛을 기대할 수 있다는 것이 그에게는 새롭고 놀라운 발견이었던 것입니다. 그의 이런 모습을 보면서, 성장한 그리스도인처럼 보인다 해서 이미 하나님의 말씀을 섭취하는 법과 기도하는 법을 잘 알고 있다고 지레짐작하지는 말아야겠다고 생각했습니다. 사람들은 경건의 시간을 갖는 법, 기도하는 법, 증거하는 법 등을 보여 주면 매우 고마워합니다.

찬양을 포함시키십시오

때때로 우리의 경건의 시간이 무미건조한 시간이 될 수도 있습니다. "'우리가 이 일을 잘 처리하게 해주십시오, 이 일을 인도해 주십시오, 저 일을 좀 도와주십시오.' 이처럼 경건의 시간 내내 하나님께 이런저런 짐들을 잔뜩 풀어 놓습니다. 이 모두가 중요하고, 시급하고, 의미 있는 것들이긴 합니다. 하지만, 어디까지나 일일 뿐입니다."[1]

하나님께서는 우리의 짐과 일들을 자기에게로 가지고 나아오는 것을 좋아하시지만, 또한 우리의 사랑과 경배의 말을 듣기 원하십니다. A. W. 토저는 "우리는 영원히 하나님께만 전념하도록 부르심받았다"[2]고 썼습니다. 아마도 당신의 마음에 와 닿는 구절이 당신으로 하여금 하나님을 찬양하고 감사하도록 이끌어 줄 것입니다. 그렇지 않은 경우 다른 성경 구절이나 찬송을 사용하여 감사와 찬양을 드려도 됩니다. 찬양과 감사는 주님을 기쁘시게 하고 우리로 하여금 주님을 더 잘 알며 사랑하도록 도와줍니다.

당신의 찬양을 더욱 풍성하게 하기 위하여, 당신이 특별히 좋아하는 말씀들을 가지고 자주 하나님을 찬양하십시오. 내가 좋아하는 말씀들은 다음과 같습니다.

> 여호와는 광대하시니 크게 찬양할 것이라.
> 그의 광대하심을 측량치 못하리로다.(시편 145:3)

> 여호와여, 신 중에 주와 같은 자 누구니이까?

주와 같이 거룩함에 영광스러우며
찬송할 만한 위엄이 있으며
기이한 일을 행하는 자 누구니이까?(출애굽기 15:11)

여호와께서는 그 모든 행위에 의로우시며
그 모든 행사에 은혜로우시도다.
여호와께서는 자기에게 간구하는 모든 자
곧 진실하게 간구하는 모든 자에게 가까이 하시는도다.
저는 자기를 경외하는 자의 소원을 이루시며
또 저희 부르짖음을 들으사 구원하시리로다.
(시편 145:17-19)

내 영혼아, 여호와를 송축하라.
내 속에 있는 것들아, 다 그 성호를 송축하라.
내 영혼아, 여호와를 송축하며
그 모든 은택을 잊지 말지어다.
저가 네 모든 죄악을 사하시며…
좋은 것으로 네 소원을 만족케 하사
네 청춘으로 독수리같이 새롭게 하시는도다.
(시편 103:1-5)

왕과 더불어 가지는 교제

성경에 나오는 위대한 하나님의 사람들에게서 발견되는 한 가지 공통점은, 그들이 하나님과 단둘이 교제하는 시간을 냈으며 이를 통해 하나님을 더 잘 알아 갔다는 것입니다. 다니엘은 한 제국의 총리였지만, "하루 세 번씩 무릎을 꿇고 기도하며 그 하나님께 감사하였습니다"(다니엘 6:10). 40년 동안 2백만 명의 유대인들을 시내 사막에서 인도했던 모세는 하나님과 친구처럼 함께 보내는 시간을 통하여 지혜와 힘을 얻었습니다(출애굽기 33:11 참조). 유명한 용사요 왕이었던 다윗은 하나님과 함께 보내는 시간을 사모했습니다. 구약의 시편은 그가 쓴 경건의 일기라 할 수 있을 것입니다.

주 예수님은 가장 좋은 본을 보여 주셨습니다. 마가복음 1:35에서 우리는 예수님께서 많은 사람들이 찾아와 바쁜 중에도 새벽 먼동이 트기 전 일어나 나가 한적한 곳으로 가서 기도하셨던 것을 볼 수 있습니다.

왜 경건의 시간을 반드시 가져야 합니까? 온 우주의 왕께서 매일 우리에게 자신과 자신의 사랑을 나타내 주고 싶어 하시기 때문입니다. 그는 우리가 영적으로 강건하며, 즐거움을 누리며, 지혜로운 삶을 살기 원하십니다. 그날그날 필요한 분별력과 지혜를 주셔서 우리로 하여금 매일 만족을 누리며 그의 뜻을 이루는 삶을 살아가기 원하십니다. 그는 우리가 적과 싸워 승리할 수 있도록 미리 우리를 무장시키길 원하십니다. 우리 마음에 노래를 간직하길 원하십니다. 또한 우리를 세상에 내보내시면서 만나는 사람들에게 대답할 말을 예비해 주시길 원하십니다.

우리는 하나님과의 교제가 없으면 우리 혼자서는 무엇이 하나님의 길이고 무엇이 세상의 길인지 알 수 없으며,

설사 안다 하더라도 하나님을 따라 살지 못하고 세상에 끌려 세상의 길을 따라 살게 마련입니다. 꺼림칙한 생각이 들긴 하면서도, "세상일이 다 그렇지 뭐. 무엇이 옳은지 도대체 누가 알아? 절대적인 게 어디 있어?"라고 우리 행동을 합리화합니다. 이전 그리스도를 알지 못하던 때와 같이, 이 세상 풍조를 좇아 이리저리 표류하고, 공중의 권세 잡은 자를 따르며, 자신의 욕심과 충동을 따라 살아가지만, 이 사실을 깨달을 수도 있고, 그렇지 못할 수도 있습니다 (에베소서 2:2-3 참조).

이렇게 살아서는 안 됩니다. 하나님께서는 탈출구를 마련해 주셨습니다. 그는 그 자신과 우리에게 기쁨이 되고 다른 사람에게 유익한 삶을 사는 데 필요한 모든 것을 우리에게 주셨습니다. 우리는 하나님의 뜻을 발견하기 위해 시간을 내야 하고, 하나님의 뜻을 행하기로 해야 합니다. 중요한 것은 행동이지 바람이 아닙니다. J. 오스왈드 샌더스의 말처럼, "우리는 우리가 원하는 만큼이 아니라 행하는 만큼 하나님께 가까이 있습니다."

A. W. 토저는 하나님과 단둘이 갖는 시간의 절실한 필요성을 이렇게 강조했습니다.

우리 그리스도인들은 삶을 단순화해야 하는데, 그렇지 않으면 이 땅에서와 영원을 통해 수많은 보배들을 잃게 됩니다. 현대 문명사회는 너무나 복잡하여 하나님과 단둘이 조용히 교제하는 경건의 시간을 갖는 것을 거의 불가능하게 만듭니다.

과학은 인간에게 얼마간의 물질적인 안락을 가져다주었지만, 인간에게 적대적인 세계로 인간을 에워싸 인간에게서 그 영혼을 강탈해 갔습니다…

문명화된 세상이 인간을 멸망시키는 한 가지 방법은 인간으로 하여금 그 스스로의 생각을 하지 못하게 하는 것입니다.

근시안적인 사람들이 무척 떠들썩하게 자랑하는, "극도로 발달된 커뮤니케이션 수단들"은, 이제 전략적 중심지에 있는 소수의 사람들이 다른 수백만 명의 마음속에 저들의 생각을 일시에 효과적으로 주입시킬 수 있게 해주고 있습니다. 이 생각들은 누구나 쉽게 먹고 소화시킬 수 있도록 이미 잘 조리되어 있어서 그냥 입에 넣기만 하면 됩니다. 현대인들에게는 생각을 한다는 것이 골치 아픈 일인데, 이제 사람들은 골치 아프게 생각할 필요가 없어졌습니다. 보통 사람은 이렇게 주입된 생각을 힘들이지 않고 조금만 흉내 내도 그가 할 생각이나 할 수 있는 생각을 다 해버린 셈이 됩니다. 이 교묘한 세뇌 작업은 날마다 계속되고 있습니다…

하나님과 혼자만의 고요한 시간을 보내야 할 필요성이 오늘날보다 컸던 적은 결코 없었습니다.[3]

개인 적용

1. 이 장에서 나의 경건의 시간을 발전시키는 데 도움을 줄 수 있는 아이디어는 무엇인가?

2. 이들 중 내가 지금 당장 실행하기 시작해야 할 것은 무엇인가?

주:

1. *Quiet Time* (InterVarsity Press, 1945).
2. A. W. Tozer, *That Incredible Christian* (Christian Publications, Inc., 1964).
3. A. W. Tozer, *The Best of A. W. Tozer,* Compiled by Warren W. Wiersbe (Baker Book House, 1978), pages 149-151.

11

경건의 시간을 발전시킴

아침에 주의 인자로 우리를 만족케 하사
우리 평생에 즐겁고 기쁘게 하소서.
―시편 90:14

활력 넘치는 유익한 경건의 시간을 갖기 위하여 우리는 형식과 방법을 염두에 두는 가운데 우리 마음을 성령의 인도하심에 민감하게 반응하도록 해야 합니다. 경건의 시간에는 융통성과 짜임새, 자유로움과 형식이 모두 필요합니다. 완전한 자유를 고집하며 미리 계획하기를 거부하는 것은 곧 위장된 게으름을 나타내는 것으로 큰 유익을 얻지 못하게 됩니다. 계획은 아무 목적이나 기대감도 없이 경건의 시간을 갖는다든지, 그 시간이 단조로워지는 것을 방지해 주고, 주님과 그의 뜻을 좀 더 잘 알아 가려는 우리의 목표에 도달할 수 있도록 도와줍니다.

그러나 좋은 습관을 기르고자 하는 계획에 치우친 나머지 너무 방법 중심적이 되어, 하나님을 만나는 것이 아니라 방법을 만나는 것이 되지 않도록 주의해야 합니다. 하나님을 만나는 것을 그 첫째 목표로 삼으십시오. 하나님과 보내는 시간에서 가장 중요한 것은 얼마나 많은 것을 했느냐 하는 것이 아닙니다. 하나님과 교제를 갖는 것이 가장 중요합니다. 좋은 습관은 이 교제에 기여합니다.

장소를 택하십시오

대부분의 사람들의 경우, 일정한 장소를 정하여 하나님을 만나는 것이 가장 좋습니다. 익숙한 장소에서는 낯선 환경과는 달리 우리 생각이 흐트러지는 일이 없습니다. 주의를 산만하게 하거나 방해를 받지 않는 장소를 택하십시오. 가능한 한 혼자 있을 수 있는 곳이 좋습니다.

예수님은 "너는 기도할 때에 네 골방에 들어가 문을 닫고 은밀한 중에 계신 네 아버지께 기도하라. 은밀한 중에 보시는 네 아버지께서 갚으시리라"(마태복음 6:6)고 말씀하셨습니다. 예수님 자신도 자주 조용한 곳에서 혼자 시간을 보내고자 하셨습니다. 그러나 때때로 이것이 불가능한 경우도 있습니다. 조나단 고포스는 중국에 선교사로 가서 많은 사람들이 사는 집에서 그의 가족과 함께 살았는데, 성경을 읽고 기도할 때는 은밀함을 유지하기 위해 방 한구석에서 벽을 향하여 서서 시간을 가졌습니다. 주님께서 임재하시면 어떤 환경도 교제와 능력의 거룩한 장소로 바뀔 수 있습니다.

그러나 자리에 누운 채 경건의 시간을 갖지 않도록 하십시오. 일어나 세수를 하고, 잠을 완전히 깨는 데 필요한 것이면 무엇이든 하십시오. 하나님과의 시간을 갖기 전에 면도를 하거나 화장을 하게 되면 많은 시간을 빼앗기거나 마음이 산란해져 시간을 허비할 수 있으니 주의하십시오. 또 조간신문을 먼저 읽지 않도록 하십시오. 주님과의 좋은 교제 시간을 빼앗길 뿐 아니라 마음까지도 빼앗기게 되기 때문입니다.

깨어 맑은 정신을 유지하게 해주는 **몸의 자세**를 알아내도록 하십시오. 이것은 사람에 따라 또 시간에 따라 바뀔 수 있습니다. 다윗이 때때로 그랬듯이 앉아서 가져도 좋고, 신구약 성경에서 모두 찾아 볼 수 있듯이 서서 기도하는 것도 좋습니다. 어떤 사람에게는 실외에서나 실내에서 왔다 갔다 걸어 다니며 기도하는 것이 정신을 집중하고 깨어 있는 데 도움이 되기도 합니다. 주님 앞에 무릎을 꿇는 것은 우리의 뜻을 하나님께 굴복시키는 데 도움이 될 것입니다. 바닥에 얼굴을 대고 엎드리면 하나님 앞에서 우리 자신을 낮추고 우리가 그를 절실히 필요로 한다는 것을 느끼는 데 도움이 될 것입니다.

C. S. 루이스는 이렇게 말했습니다. "무릎을 꿇는 것은 중요하지만 훨씬 더 중요한 것이 있습니다. 정신을 집중하여 앉아 있는 것이 무릎을 꿇었으되 반쯤 자는 것보다 기도하는 데 더 낫습니다."[1]

마음을 준비시키십시오

주님께 간구할 것을 꺼내 놓기 전에, 당신이 살아 계신 하나님과 대면하고 있고 당신의 목표는 그와의 영적인 만남에 있다는 생각으로 마음을 채우십시오. 그가 당신을 사랑하시고 당신과의 교제를 원하시며, 당신이 그를 찾을 때 상 주시기로 약속하신 것에 대해 감사하십시오. 그에게 경배하고 그의 위대하심과 거룩하심과 사랑과 권능과 아름다움과 완전하심에 대해 감사하십시오. 우리의 경배는 우리 자신에게 즉각적인 만족을 주든 안 주든 상관없이, 사람들의 경배를 원하시는 놀라우신 우리 아버지를 기쁘시게 해드리는 것입니다. 감사와 찬양은 하나님을 영화롭게 하고, 우리로 하여금 우리 자신과 이 땅의 것들에 너무 사로잡히지 않게 해줍니다.

잠깐 멈추고 하나님 앞에서 당신 자신을 낮추십시오. 성급하게 당신의 요망 사항을 위한 기도에 뛰어들지 마십시오. 경건한 마음으로 당신 자신을 하나님 앞에 드리면서, 당신은 하나님을 의지할 수밖에 없다는 것을 시인하고 당신의 헌신을 확증하십시오. "아버지 하나님, 주님은 저의 하나님이시며 저는 주님의 종입니다. 주님으로부터 배우고 주님의 뜻대로 기도하며 주님이 말씀하시는 바를 행하고자 여기에 나왔습니다. 도와주십시오."

집중하는 법을 배우십시오

당신이 배우는 주요 진리들을 기록하십시오. 이것은 당신의 생각을 예리하게 하고 그것을 기억하는 데 도움이 됩니다. 경건의 시간만을 위한 노트가 따로 있으면, 묵상을 하거나, 기회 있을 때 다른 사람들과 그 내용을 나누는 데 도움이 됩니다. 이전에 기록했던 것들을 다시 살펴보는 것도 축복이 됩니다. 그러나 기록하는 데 너무 많은 시간을 들이지 않도록 주의해야 합니다.

엉뚱한 생각들을 제어하십시오. 당신 생각이 갑자기 곁길로 벗어날 때마다 잠잠하면서도 단호하게 다시 제자리로 돌이키되 자신을 책망하지는 마십시오. 종종 당신은 자신의 마음을 흩어 놓는 것들에 대해서 기도하고, 생각이 곁길로 빠지기 시작한 데서부터 다시 시작할 수 있습니다. 해야 할 것들이 마음에 떠오르면 기록하고 그것에 대해 기도하십시오. 만약 당신이 마음에 떠오르는 생각들을 단지 떨쳐 버리려고만 한다면, 그것들은 계속 당신을 성가시게 할 것입니다. 또한 소리를 내어 기도하거나 속삭이듯이 기도해 보도록 하십시오. 이것은 당신이 계속 깨어 있을 수 있도록 도와주며, 특히 졸릴 때 도움이 됩니다.

기도할 때는 물론 그 밖의 다른 때에도 당신의 집중력을 더욱 키워 주시도록 하나님께 간구하십시오. 브라더 로렌스는 이렇게 썼습니다. "기도 시간에 마음을 쉽게 집중할 수 있는 한 가지 방법은 평소에도 생각을 집중하는 습관을 기르는 것입니다."

기도 목록을 사용하십시오

경건의 시간에 하는 중보 기도에 도움이 되는 것으로서 내가 자주 사용하는 것은 내가 기도해 주고자 하는 사람들의 이름이 적힌 기도 목록입니다. 이것은 내 마음이 목표 없이 방황하는 것을 방지해 주고 기도의 필요성과 책임들을 잊지 않게 해줍니다. 때때로 새로운 이름과 필요들을 추가하고 어떤 것들은 지우면서 그 목록을 수정해 나갑니다. 어떤 사람들은 기도를 부탁하는 편지에서 사진을 오려내거나 사진을 모아서 기도를 하고픈 생각을 불러일으키는 데 사용하기도 합니다.

흥미를 더하고 기도의 대상을 넓히기 위하여, 다음 각 범주마다 한 명 이상의 대상을 정하고 그들의 영적인 형통 및 개인적 필요들을 위해 기도하십시오.

◆ 가족과 친구들
◆ 당신의 목사님과 교회
◆ 다른 그리스도인들과 그리스도인 일꾼들
◆ 선교사들
◆ 정부 지도자들

방법의 노예가 되지는 마십시오. 당신의 기도 목록이 진부한 것이 되면, 그것을 다시 작성하든가 한동안 그런 목록이 없이 기도하십시오. 기도 목록이 너무 길어지면 두세 개의 목록으로 나누어 하루에 한 가지만 사용하십시오. 기도 목록은 도움을 주는 종이 되어야지 강압적인 주인이 되어서는 안 됩니다.

몇 가지 유형의 기도를 포함시키십시오

경건의 시간이나 다른 기도 시간에 아래에 들고 있는 다양한 형태의 기도를 포함시키십시오. 그러나 꼭 이 순서대로 하라는 것은 아닙니다. 이것은 당신의 기도 시간을 더욱더 풍성하게 하여, 하나님께나 당신 자신에게 더욱 만족스럽게 해줄 것입니다.

하나님을 찬양하십시오. 하나님이 어떤 분이신가에 대해 찬양하십시오.

자신을 낮추십시오. 당신이 하나님을 의지한다는 사실을 고하고 하나님께 대한 당신의 헌신을 새롭게 하십시오. 하나님께서 생각나게 해주시는 모든 자백하지 않은 죄를 자백하십시오.

자신을 위해 기도하십시오. 당신을 축복해 주시며 당신에게 필요한 것을 공급해 주시도록 간구할 뿐 아니라 당신을 변화시켜 주시도록 기도하십시오.

다른 사람들을 위해 기도하십시오. 그들의 구원이나 영적인 성장 및 그들 나름의 특별한 필요들을 위해 중보의 기도를 하십시오. 이웃과 전 세계에서의 하나님의 사역을 위해 기도하십시오.

감사하십시오. 과거와 미래의 축복들에 대한 감사의 기도를 포함시키십시오.

경건의 시간을 다양하게 가지십시오

가끔 경건의 시간을 전부 찬양의 시간으로 가지는 것도 축복이 됩니다. 시편 103편 또는 145편 등의 시편을 읽어 가면서 종종 멈추고 하나님의 속성과 그 하시는 일을 인하여 그를 찬양하십시오. 시간이 있으면, 당신이 평소에 기도해 주는 여러 사람들에 대해 하나님께 감사하고, 하나님께서 그들의 삶 가운데 이미 이루어 주신 일들에 대해 찬양하십시오.

또는 정기적인 경건의 시간을 갖고 뒤에, 바로 전날에 있었던 일들을 되새겨 보며 여러 가지 상황 가운데서 보여 주신 하나님의 성실하심에 대해 찬양하십시오. 다음에 그 날에 있을 여러 가지 세세한 일들을 생각하며, 하나님께서 축복들과 흡족한 공급을 약속해 주신 데 대해 미리 찬양하십시오.

당신의 경건의 시간이 생기가 없고 지루해지면, 이것에 관해 주님과 이야기를 나누십시오. 또한 친구에게 부탁하여 시시때때로 당신의 영혼이 주님의 함께하심으로부터 오는 유쾌함을 알 수 있게 해주시도록 하나님께 기도해

달라고 하십시오(사도행전 3:19 참조).

때때로 당신의 경건의 시간 계획을 재고해 보고 변화가 필요하다고 생각되는 부분은 바꾸십시오. 변화는 그 시간을 신선하게 유지하는 데 도움이 될 수 있습니다. (부록 I은 당신이 변화가 필요하다고 느낄 때 좀 더 도움을 줄 것입니다.)

기대하는 마음을 가지십시오

다음의 내용은 하나님과의 활력 넘치는 교제를 위해 꼭 필요한 기본 태도를 보여 줍니다.

> 우리가 기도를 할 때나 말씀을 읽을 때마다 우리의 최대 필요는 뜨겁고도 살아 있고 기대하는 믿음, 곧 찰스 피니가 하나님께 대한 "애정 어린 확신"이라고 부른 그것입니다… 우리의 경건의 시간의 한 가지 목표는 우리가 하나님을 전적으로 믿는 것을 방해하는 모든 것을 제거하는 것이어야 합니다.[2]

우리는 믿음으로 경건의 시간에 임하며, 하나님께서 우리를 만나 주시고 가르쳐 주실 것을 기대해야 합니다. 기도할 때 우리는 하나님께서 들으시고 응답하실 것을 기대해야 합니다. 그날의 일과를 시작할 때 우리는 하나님께서 사랑으로써 우리와 함께하셔서 우리를 인도하시고 능력을 공급해 주실 것을 기대해야 합니다. 이 기대감은 때로 단순히 믿기로 작정하는 것이 될 수도 있고, 아니면 확신에 의한 확실한 느낌이 따르는 것일 수도 있습니다. 어떤 것이든 하나님께서는 우리가 그를 믿으면 역사하실 것을 약속하셨습니다. 기도와 말씀 섭취에 있어서 좋은 습관을 계발하고자 하는 열망을 가지고 계속 하나님께 나아가십시오. 새로운 방법으로 당신이 하나님을 경험하며 매일 하나님과의 만남을 통해 하나님께 기쁨을 안겨 드릴 수 있게 해주시도록 기도하십시오.

개인 적용

1. 이 장에 나오는 제안 중 내가 당장 따라야 할 것은 무엇인가?

2. 나의 경건의 시간에서, 지금 당장은 아니지만 앞으로 바꾸고 싶은 것은 무엇인가?

주:

1. C. S. Lewis, *Letters to Malcolm, Chiefly on Prayer* (Harcourt Brace Jovanovitch, 1963), page 18.
2. *Quiet Time* (InterVarsity Press, 1945), page 4.

12

하나님의 말씀에서 보화를 캐냄

복 있는 사람은… 오직 여호와의 율법을 즐거워하여
그 율법을 주야로 묵상하는 자로다.
저는 시냇가에 심은 나무가 시절을 좇아 과실을 맺으며,
그 잎사귀가 마르지 아니함 같으니
그 행사가 다 형통하리로다.

—시편 1:1-3

영어 성경을 보면, 시편 1편이 "기쁨(The joys)"이라는 단어로 시작되는 번역들도 있습니다. 하나님의 말씀을 즐거워하는 사람에게 주어지는 넘치는 기쁨과 만족과 그리고 형통함이여! 그는 말씀을 묵상하는 데 시간을 들이는 사람입니다. 그 결과 그의 삶은 영적으로 건강하고 열매가 풍성한 가운데 공부, 일, 인간관계 및 주님을 섬기는 일 등 모든 일에서 형통합니다.

묵상하고 기도하십시오

시편 1편은 우리에게 묵상하라고 명령하지 않습니다. 그것은 다만 그 유익이 어떤 것인지 보여 줄 뿐입니다. 여호수

아 1:8의 하나님의 말씀은 좀 더 강력합니다. "이 율법책을 네 입에서 떠나지 말게 하며 주야로 그것을 묵상하여… 다 지켜 행하라. 그리하면… 네가 형통하리라." 하나님께서 다시 보여 주시는 바 형통한 삶의 비결은 항상 하나님의 말씀을 우리 입에서 떠나지 않게 하며, 그것을 주야로 섭취하여 다른 사람들과 나누고, 그 말씀에 순종하는 것입니다.

묵상한다는 말에는 **되새김질한다는** 뜻이 들어 있습니다. 소는 하루에 여러 번 되새김질을 합니다. 먹이를 일단 삼킨 뒤에 다시 끄집어내어 거듭해서 되씹는 것입니다. 하나님께서는 우리가 그를 온전히 알고 순종할 수 있도록 그의 말씀을 "되새김질"하기 원하십니다. 기도하는 마음으로 말씀을 "씹으십시오." 시간을 내어 그 진리들을 반추하며, 어떻게 삶에 적용할 것인지 깊이 생각해 보십시오.

성령의 조명이 없으면 말씀 묵상이 별로 유익이 없습니다. 읽은 내용을 머리로는 파악할 수 있지만, 그 의미와 적용에 대한 깨달음은 오직 성령께서만 주실 수 있습니다. 그는 우리가 진리를 소화하여 삶의 일부로 만들 수 있게 해주시고, 종종 기도에 대한 응답으로 그 깨달음을 주시기도 합니다. 하나님의 말씀을 묵상할 때는 다음 기도가 당신 자신의 것이 되게 하십시오. "나로 깨닫게 하소서. 내가 주의 법을 준행하며 전심으로 지키리이다"(시편 119:34).

내 것이 될 수 있는 보배들

어느 날 오후 다이아몬드 광산을 가진 친구가 당신을 그

광산으로 초청했다고 가정해 보십시오. 광산을 따라 걸으면서 당신은 여기저기에 유리처럼 생긴 물체들이 널려 있는 것을 보게 됩니다.

"저것들이 다이아몬드야?"

"그래, 다이아몬드 원석(原石)인데 갈고 다듬기 전의 모습이지."

"다이아몬드 원석은 처음 보는데!"

"갖고 싶으면 하나 가져도 좋아."

"정말?"

"물론이지. 5분 안에 자네가 찾아 줍는 것은 모두 자네 것으로 하겠네."

당신은 어떤 반응을 보이겠습니까? 당신이 남자라면 주머니마다 불룩하여 걷기가 힘들 정도가 될 것이며, 당신이 여자라면 핸드백을 두 손으로 들어야 할 정도가 될 것입니다. 이 얼마나 놀라운 제안입니까? 당신은 평생 부자로 살아가게 될 것입니다.

온 우주의 주님은 그의 말씀 가운데서, 우리 생각과 봉사와 그를 아는 일에서 우리의 모든 상상을 초월할 만큼 우리를 부요하게 하기 위하여 돈으로 살 수 없는 보배들을 제공해 주십니다. 거기 있는 영적 보화들은 줍기만 하면 되며 아무리 많이 가져도 괜찮습니다. 우리가 하나님을 더 잘 알고자 할 때, 이루 헤아릴 수 없는 보배들이 우리를 기다리고 있는 것입니다. "깊도다. 하나님의 지혜와 지식의 부요함이여!"(로마서 11:33).

연속적으로 읽어 나가십시오

유명한 성경 교사인 헨리에타 미어즈 여사는 이렇게 썼습니다.

> 누가 성경을 읽어야 하는가?
> 어떻게 살아야 할지 알고자 하는 젊은이,
> 어떻게 죽어야 할지 알고자 하는 늙은이,
> 지혜를 구하는 무지한 자,
> 겸손을 구하는 학식 있는 자,
> 훈계를 구하는 부요한 자,
> 풍요를 구하는 가난한 자.
> 성경은 모든 부류의 사람들을 위한 책이다.[1]

성경을 처음 읽는 사람은 구약성경을 읽느라고 많은 시간을 들이지 말고 먼저 신약성경부터 통독하십시오. 그러나 시편과 잠언은 함께 읽어도 좋습니다. 신약성경 전체를 두세 번 읽고 나면 구약성경을 이해하기가 훨씬 수월할 것입니다.

복음서부터 시작하는 경우에는 누가복음과 요한복음이 좋습니다. 더 짧은 것으로 시작하고 싶으면 빌립보서나 데살로니가전서를 택하십시오. 당신의 목표는 매일 약간의 신약성경을 즐겨 읽는 습관을 길러 가능한 한 빨리 그것을 두세 번 통독하는 데 있습니다.

한 사람을 그리스도께로 인도하면 나는 처음 며칠 동안

아침에 경건의 시간을 갖기 위해 그와 만나 그가 성경 읽기를 시작하도록 돕습니다. 나는 곧잘 짧고 재미있는 빌립보서부터 시작하게끔 합니다. 그 안에는 실제적인 보물들로 가득 차 있고, 며칠 동안에 서신서 하나를 마친다는 것은 성취감을 맛보게 해줍니다. "소원을 성취하면 마음에 달아도…"(잠언 13:19). 나는 흔히 빌립보서를 두세 번 읽게 한 뒤에 골로새서도 그처럼 하도록 권면하여 매번 읽을 때마다 그 안의 금덩어리들을 캐내도록 합니다. 다음에는 경건한 삶과 그리스도의 재림에 대한 진리를 강조해서 보여주는 데살로니가전서를 추천합니다.

하루 한 장(章) 읽는 것이 알맞은 속도입니다. 그러나 성령께서는 때로 단 몇 구절을 읽든지 아니면 두세 장을 읽도록 인도하시기도 합니다. 각 장을 여러 번 읽는 것은 그 가르침들을 우리 마음에 깊이 새기는 데 도움이 됩니다.

빌립보서, 골로새서 및 데살로니가전서 다음에 나는 요한복음을 읽도록 제안합니다. 요한복음은 주 예수 그리스도를 잘 나타내 보여 주는데, 그의 주장, 기적 및 가르침 등을 통하여 그가 하나님의 거룩하신 아들이심을 부각시켜 주고 있습니다. 물론 요한복음은 처음 믿은 사람이 경건의 시간을 통해 읽기 시작하기에도 좋은 것이지만, 나는 보다 짧은 세 서신서를 더 좋아합니다. 어디서부터 시작하든, 넘치는 영적 보화들을 캐내는 데 어려움이 없을 것입니다.

요한복음을 다 읽고 나면, 나는 그에게 신약성경의 나머지 책들을 두 번씩 읽으면서 계속 읽어 나가도록 권합니다. 요한계시록을 읽은 뒤에 마태복음으로 넘어가 신약성경 전체를 통독할 수 있습니다. 성경 읽기에 변화를 주기 위해 각 복음서를 읽은 뒤에는 짧은 서신서를 읽는 것을 좋아하는 사람들이 많이 있습니다.

부지런함과 이해력

하나님의 보물들 가운데는 쉽게 찾을 수 있는 것도 있고 채굴해 내야 하는 것도 있습니다. 다음에 그 각각의 진리의 다이아몬드를 연마하여 그 독특한 아름다운 빛을 발하도록 하기 위해서는 묵상을 해야 합니다. 그것들이 우리 삶의 일부가 되게 하며 그 아름다움을 드러내도록 하려면 그 가르침에 순종해야 합니다(베드로전서 2:9 참조). 당신은 하나님의 영적 보물들 가운데 얼마나 많은 것을 당신 자신의 것으로 만들었습니까? 당신은 자신과 다른 사람들에게 풍족할 만큼 매일 새로운 부를 축적하기 위해 부지런히 힘쓰고 있습니까, 아니면 종종 궁핍에 처합니까?

부지런하기 위해서는 하나님께서 우리의 주목을 끄시는 부요한 진리들을 묵상하기 위해 매일 충분한 시간을 내야 합니다. E. M. 바운즈는 "하나님과의 친분은 갑작스런 방문으로 이루어지는 것이 아닙니다. 하나님은 우연히 또는 허겁지겁 오가는 사람들에게는 그의 은사를 나눠 주시지 않습니다. 하나님과 단둘이 많은 시간을 갖는 것이 그를 알고 그를 움직이는 비결입니다"[2]라고 썼습니다.

다음 질문들은 경건의 시간이나 그날 하루 동안 당신이 말씀을 묵상하는 데 도움을 줄 것입니다. 이 질문들은 성경 말씀이 우리에게 유익을 주는 네 가지 방법에 기초하고 있습니다. "모든 성경은 하나님의 감동으로 된 것으로 교훈과 책망과 바르게 함과 의로 교육하기에 유익하니, 이는 하나님의 사람으로 온전케 하며 모든 선한 일을 행하기에 온전케 하려 함이니라"(디모데후서 3:16-17). 더욱더 온전케 되고 무장되기 위하여, 하나님의 말씀을 묵상할 때 자신에게 이 네 가지 질문을 해보십시오.

◆ 나는 무엇을 알아야 하는가? (교훈)
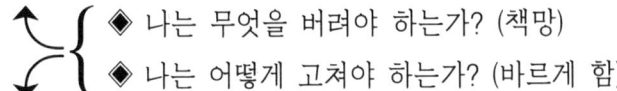◆ 나는 무엇을 버려야 하는가? (책망)
◆ 나는 어떻게 고쳐야 하는가? (바르게 함)
◆ 나는 어떻게 살아야 하는가? (의로 교육함)

첫째와 넷째가 기본적인 질문입니다.
"나는 무엇을 알아야 하는가?"라는 질문에 대한 대답들이 우리의 생각을 형성해야 하는 것인 반면, "나는 어떻게 살아야 하는가?"라는 질문에 대한 대답들은 우리 인격과 행동을 형성해야 하는 것입니다. 이 두 질문은 밀접하게 연관되어 있는데, 이는 우리 삶의 내용은 우리가 생각하는 바에 의해 결정되기 때문입니다(잠언 4:23 참조).

올바르게 살기 위해서는 먼저 하나님께서 원하시는 바를 하나님의 말씀으로부터 명확히 알아야 합니다. 가운데의 두 질문은 각각 두 가지에 초점을 맞추어야 합니다. 한 가지는 우리의 생각이며 다른 한 가지는 우리의 삶입니다.

즉 우리의 생각에서 버리고 고쳐야 할 것은 무엇이며, 삶에서 버리고 고쳐야 할 것은 무엇인지 질문해 보아야 합니다.

당신의 마음에 와 닿는 구절을 묵상할 때 이 네 질문을 사용해 보십시오. J. S. 제임스는 이렇게 썼습니다.

하나님께서는 그의 말씀을 통하여 우리에게 말씀하십니다. 경건한 사람들이 쓴 유익하고 영감 어린 책들이 무수히 많이 있습니다. 이런 책들은 서가의 두 번째 칸에 올려놓으십시오. 하나님의 책은 서가의 별도의 칸에 따로 올려놓으십시오. 둘 다 읽을 수 있는 충분한 시간이 있으면 좋습니다. 그러나 첫째로 하나님의 책을 읽으십시오.

개인 적용

1. 이 장에 나오는 생각이나 제안 중 내가 하나님의 말씀을 좀 더 풍성하게 섭취하는 데 가장 도움이 되는 것은 무엇인가?

2. 이에 대해 나는 어떤 계획을 세울 것인가?

주:

1. Henrietta Mears, *431 Quotes from the Notes of Henrietta C. Mears* (Regal Books, 1970), page 63.
2. E. M. Bounds, *Power Through Prayer* (Baker Book House, 1963), page 44.

13

우리의 감정과 하나님의 말씀

> 누구든지 나의 이 말을 듣고 행하는 자는
> 그 집을 반석 위에 지은 지혜로운 사람 같으리니,
> 비가 내리고 창수가 나고 바람이 불어 그 집에 부딪히되
> 무너지지 아니하나니 이는 주초를 반석 위에 놓은 연고요.
> —마태복음 7:24-25

기도는 믿을 수 없을 만큼 놀라운 결과를 가져옵니다. 기도는 이 세상에서 하나님의 뜻을 성취하기 위하여 그의 무한한 능력에 우리 인간의 연약함을 연결시키는 하나님의 방법입니다. 하나님께서는 우리가 그와 연합된 삶을 살며, 그에게 우리의 필요를 아뢰고, 이에 응답하여 그가 행하시는 놀라운 일들을 보게 하시려고 우리를 초대하십니다. 그가 해주시는 일은 종종 우리가 구하거나 생각한 것보다 훨씬 더 넘칩니다.

그러나 어떤 사람들은 기도를 하려고 하나 결국 실망 가운데 그만두고 맙니다. 그들은 자기가 바라는 것이 이루어지지 않을 때 기도의 배를 실망의 모래톱에 버려두거나, 게으름이나 불신 때문에 요동하며 떠 있게 묶어 두곤 합니

다. 그들은 꾸준히 믿음으로 항해하기보다는 오히려 쉽게 포기함으로써, 효과적으로 기도하는 법에 대한 하나님의 지침을 충실히 따르지 못하게 됩니다.

하나님의 말씀은 우리가 하는 모든 일의 견고한 기초를 형성합니다. 시편 기자는 하나님의 말씀에 대한 자신의 관점을 이렇게 보여 주고 있는데, 이러한 관점은 활력이 넘치고 하나님이 기뻐하시는 기도 생활을 할 수 있게 해줍니다.

여호와의 말씀은 순결하며,
주의 계명은 진리니이다.
주의 의로운 모든 규례가 영원하리이다.
그러므로 내가 범사에 주의 법도를 바르게 여기나이다.
(시편 12:6, 119:151,160,128 참조)

이러한 태도를 가질 때, 하나님의 말씀은 우리 기도에서 통제력을 발휘할 수 있고, 하나님께서는 우리가 기도할 때 동기력과 지혜를 주실 수 있을 뿐 아니라, 합당치 못한 것은 구하지 않게 해주실 수 있습니다.

하나님의 말씀은 기도하도록 격려한다

거듭하여 성경은 기도하도록 권면하고 있습니다.

깨어 있어 기도하라.
구하라. 그리하면 받으리니.

항상 기도하고 낙망치 말아야 될 것을 저희에게…
구하라… 찾으라… 문을 두드리라.
쉬지 말고 기도하라.
너는 내게 부르짖으라. 내가 네게 응답하겠고.
(마태복음 26:41, 요한복음 16:24, 누가복음 18:1, 11:9, 데살로니가전서 5:17, 예레미야 33:3 참조)

하나님의 명령이 우리가 지속적으로 기도하도록 가장 큰 동기를 줍니다. 말씀으로 인하여 우리는 감정에 사로잡히지 않게 됩니다. 그 명령들은 인간이 향유할 수 있는 가장 놀라운 자유, 즉 하나님을 우리의 친아버지요 절친한 친구로 삼아 대화를 나눌 수 있는 자유를 우리로 갖게 해 주는 것입니다.

기도에 관한 책에서 자끄 엘륄은, 기도란 우리를 얽매는 요구 사항이 아니라 자유케 하는 기회라고 말하고 있습니다. 기도하라는 하나님의 명령을, 어기면 형벌이 따르는 "율법"으로 생각하면, 기도는 참으로 따분한 의무가 될 수 있습니다. 하지만, 기도하라는 그의 명령은 우리를 사랑하시는 분이 우리 각자에게 주신 개인적인 것입니다. 당신이 지금 "폐하께서 자신과 함께 시간을 보내며 당신의 요망 사항을 들어주기 위해 당신을 초대하십니다"라고 적힌 귀한 초청장을 받았다고 상상해 보십시오. 누가 그런 초청을 거절하겠습니까?

시편 기자는 하나님의 명령들이 믿을 만하다고 생각했을 뿐 아니라, 그 명령들을 즐거워했습니다. 그는 이렇게 기도했습니다.

> 내가 주의 법도를 구하였사오니
> 자유롭게 행보할 것이오며,
> 나의 사랑하는바
> 주의 계명을 즐거워하며,
> 또 나의 사랑하는바 주의 계명에 내 손을 들고
> 주의 율례를 묵상하리이다.
> 주의 증거는 나의 즐거움이요
> 나의 모사니이다.(시편 119:45,47-48,24)

하나님의 명령들도 그의 약속들 못지않게 우리가 사랑할 만한 것입니다. 각 명령은 우리가 순종하면 하나님의 축복들을 보장해 주는 약속 어음입니다. 기도하라는 그의 명령은 특히 그러합니다. 이러한 명령들은 자비로우신 아버지이신 왕의 존전으로 우리를 안내해 주고, 그의 보물 창고의 열쇠를 우리에게 건네줍니다. 우리가 그의 명령들에 순종하기로 작정하면 성령께서는 우리에게 동기를 불러일으키며 능력을 주십니다.

감정이 아니라 말씀을 의지하십시오

나의 아들 녀석이 언젠가 이렇게 말한 적이 있습니다. "아빠, 간혹 내 기도는 천장에 부딪혀 되돌아오는 것만 같아요." 나는 그 애에게 때때로 나도 그와 똑같은 느낌을 갖는

다고 말해 주었습니다. 그러나 우리의 느낌이 주님께서 듣고 응답하시는 데에 열쇠가 되지는 않습니다. 응답받는 기도의 어떤 조건에도 우리의 느낌이 어떠냐 하는 것은 포함되지 않습니다.

우리 기도와 일상생활에서 자유로움을 주는 원리는 곧 **감정이 아니라 말씀을 의지하라는** 것입니다.

때때로 우리는 기도할지의 여부를 감정에 의해 결정하곤 합니다. "난 오늘 기도할 만한 기분이 아니야" 혹은 "난 이런 기분으로는 기도할 수가 없어" 하고 생각합니다. 그러나 우리가 어떻게 느끼느냐 하는 것이 우리가 기도할 것인지의 여부를 결정하는 기초가 되어서는 안 됩니다. 찰스 스펄전은 이렇게 썼습니다.

> 기도하고 싶을 때는 기도해야 합니다. 왜냐하면 아주 좋은 기회를 소홀히 여기는 것은 죄이기 때문입니다. 또 기도하고 싶지 않을 때도 기도해야 합니다. 왜냐하면 침체 상태에 그대로 머물러 있는 것은 위험하기 때문입니다.

잘 아는 것 같으면서도, 우리는 하나님의 응답이 우리 감정과 연관된 것으로 생각하기가 얼마나 쉬운지 모릅니다. 은혜의 보좌에 나아갈 때 홀가분하고 담대한 기분을 느낄 때는 우리 기도의 등급이 "긴급"으로 매겨지고 즉각적인 응답을 받을 것으로 생각합니다. 반면에 기도할 때 실망이 되거나 영적 활력이 없는 것처럼 느끼면 몇 마디

힘없이 기도하면서 과연 들으실지 의심합니다. 무의식적으로, 우리는 우리 감정의 상태는 하나님께서 우리의 기도를 어떻게 평가하시고 응답하실지에 영향을 미친다고 믿고 있는 것입니다.

감정이 전혀 쓸데없는 것은 아닙니다. 예레미야, 한나, 시편 기자들, 예수 그리스도, 바울 등 성경의 많은 인물들이 깊은 감정과 필사적인 간절함으로 기도했습니다. 하나님께서 간절한 마음을 주시면 우리는 그에게 열정적으로 부르짖을 수 있습니다. 하나님의 임재나 성령의 자유케 하심에 대한 어떤 특별한 의식이 있으면 우리는 이를 즐겨야 합니다. 그러나 그렇지 않다 하더라도 우리는 여전히 기도할 수 있습니다.

기도에 대한 이 교훈은 나에게 특히 도움이 되어 왔습니다. 성령께서 나를 인도하고 계심을 깨달으며 기쁜 마음으로 기도하거나 찬양을 드릴 때도 있지만, 도무지 그런 자유로움을 느끼지 못하는 때도 있습니다. 어떤 경우든, 하나님께서 주신 기도의 조건들에 따라 기도하고 있다면 나는 주님께서 내 기도를 들으시는 것을 확신할 수 있습니다.

성령께서 즐거운 기분을 주실 때도 있고 무거운 의무감을 주실 때도 있는 것은 사실이지만, "성령 안에서"(에베소서 6:18) 기도하는 것과 우리가 기도할 때 느끼는 기분은 아무 상관이 없습니다. 그것은 하나님의 말씀에 기록되어 있는 성령의 뜻을 따라 기도하는 것을 의미합니다.

그리스도인들이 기도할 때 나타나는 감정은 다양합니다.

열정적인 감정으로 부르짖으며 기도하는 사람이 있는가 하면, 차분하게 조용히 기도하는 사람들도 있습니다. 그 어느 유형이 더 좋다고 할 수는 없습니다. 각 사람은 다른 사람의 감정이나 반응을 부러워하거나 모방하려고 하지 말고 각자의 방식대로 기도해야 합니다. 하나님께서는 우리의 기본적인 감정적 반응도 우리 개성과 마찬가지로 사람마다 독특하게 하셨으므로 우리는 나름대로의 방식으로 하나님과의 교제와 기도를 즐길 수 있는 것입니다. 그는 우리의 독특한 인격으로 더불어 교제하길 원하시며, 그의 생각에 우리에게 가장 좋다고 여겨지는 감정들을 우리에게 허락하실 것입니다.

미국 상원의 배속 목사인 리처드 핼버슨은 믿음과 감정의 관계를 이렇게 설명합니다.

> 참된 믿음은 반대되는 느낌이 아무리 강하더라도 하나님의 말씀을 의지합니다. 성경과 그리스도인의 관계는 계기판과 조종사의 관계와 같습니다. 기초 훈련은 **감정에 거슬려 믿는 법**을 배우는 것입니다. 감정은 믿음의 결과이며… 믿음의 기초가 아닙니다.[1]

사탄은 우리가 하나님의 말씀을 의지하는 대신 우리 감정을 신뢰하게 하거나, 사물의 겉모습 또는 체험에 우리의 주의를 집중시키려고 끊임없이 애쓰고 있습니다. 그는 우리를 유혹하여 하나님의 말씀보다 내적 감정을 더 의지하는 실존주의적인 체험 위주의 삶을 살게 합니다. 그는 우리가 그렇게 되면 견고하고 성숙해 가는 그리스도인의 삶을 살 수 없다는 것을 알고 있습니다. 이런 유혹에 넘어가면 영적인 삶에 발전을 이룰 수 없고 불안정한 삶을 살게 됩니다.

누구든지 곁길로 나가 감정 위주의 삶에 빠져들 수 있습니다. 우리는 정직해지고 순수해지려면 감정의 충동과 기호에 반응해야 한다고 생각할 수 있으며, 우리가 느끼는 대로 행동하지 않는 것은 진실하지 못하며 자신의 참된 자아를 표현하지 않는 것이라고 생각할 수가 있습니다. 그러나 감정만이 우리 내적 자아의 유일하게 진실한 부분은 아닙니다. 우리는 또한 지성과 의지도 가지고 있는 것입니다. 감정적으로는 침체되고 산만해진 때라도 하나님의 명령들에 우리의 마음을 돌이키고 의식적으로 순종을 선택하여야 합니다. 우리는 자신의 주관적인 내적 상태보다는 하나님과 그의 말씀의 다스림을 받는 편을 선택하여야 합니다.

만년에 허드슨 테일러는 기도할 때 항상 마음이 기쁘고 뜨거웠느냐 질문을 받고, 기도할 때 대개 자기 마음은 나무처럼 담담했노라고 대답했습니다. 그러나 이것이 기도의 응답을 막지는 않았습니다. 왜냐하면 테일러는 자신의 주요한 승리의 대부분이 "감정 없는 기도"에서 온 것이라고 말했기 때문입니다.[2]

방해가 되는 감정

감정은 우리 삶의 놀라운 부분입니다. 하나님으로 인하여 안정된 감정은 우리 삶에 동기력과 영양이 되어 줍니다. 그러나 얼마나 자주 실망, 혼란, 영적 공허감 등과 같은 감정이 우리의 영적 발전을 방해하는지 모릅니다. 그런 감정은 자연적인 원인으로부터 올 수 있습니다. 수면은 충분히 취하고 있습니까? 과도한 스트레스를 받고 있지는 않습니까? 의료 진단이나 보다 나은 영양 섭취 또는 좀 더 규칙적인 식사가 필요하지는 않습니까? 하고 있는 활동이 너무 많은데도 거절을 못 한다거나, 은사와 시간을 제대로 활용치 못하는 활동들은 없습니까? 때때로 이런 것들에 대하여 실질적인 조치들을 취함으로써 우리의 기도 생활에 새로운 활력을 줄 수 있습니다.

감정의 기복은 모든 인간에게 있어서 정상적인 현상입니다. 우리의 육신은 활력의 마루와 침체의 골 사이를 오르락내리락하는 주기를 가지고 있습니다. 이것은 하나님과 삶에 대한 우리 감정에 영향을 미칩니다. 경건한 다윗 왕도 하나님의 함께하심에 대한 자신의 느낌이 변하는 것을 발견했고, 사도 바울도 자신의 감정의 기복에 대해 기록한 바 있습니다.

괴로운 감정은 또한 자백하지 않는 죄에 기인할 수도 있습니다. 우리 삶 속에 있는 죄를 무시하고서는 하나님의 존전에 들어갈 수도 없고 평소처럼 하나님과의 즐거운 교제를 기대할 수도 없습니다. 하나님과의 교제를 갈라놓는 죄가 무엇인지 구체적으로 알기도 하지만, 그저 막연히 죄책감을 느낄 때도 있습니다. 그럴 경우에는 자백할 죄가 무엇인지 끝까지 샅샅이 찾아 뒤져 볼 필요는 없습니다. 그 대신, 우리와 하나님과의 교제를 방해하는 죄가 무엇인지 보여 주시도록 하나님께 기도하도록 하십시오. 하나님께서는 우리에게 우리 죄를 드러내 주시기를 즐거워하십니다. 자백해야 할 어떤 명확한 죄를 보여 주시지 않으면, 우리는 그리스도 안에 있는 우리의 의에 대해 감사하며 우리 감정에 개의치 않고 확신을 가지고 담대하게 나아갈 수 있습니다.

성령이 이처럼 **불분명한** 죄책감의 구름을 일으키는 장본인은 아닙니다. 그는 참소자가 아니라 격려자입니다. 우리가 하나님의 말씀 안에 거할 때 그는 우리가 구하는 즉시 또는 얼마 안 있어 죄를 구체적으로 보여 주십니다. 그러면 우리는 자백하여 깨끗케 될 수 있습니다. 구체적으로 보여 주시지 않는 죄에 대해서는 "자기 허물을 능히 깨달을 자 누구리요? 나를 숨은 허물에서 벗어나게 하소서"(시편 19:12) 하고 기도할 수 있습니다.

기도할 때 신선한 감정이 없을 경우, 우리는 새무얼 맥코움처럼 기도해도 될 것입니다.

은혜로우신 아버지, 주님의 종의 마음을 소성케 하소서. 주여, 구하오니 종의 내적인 삶의 메마름과 따분함에 생기를 더해 주소서. 비록 일시적으로 아무 기쁨이나 위안이 없을 때도 결코 기도하려는 노력을 포기하지 않는 인내심을 종에게 주소서. 종의 무거운 마음을 가볍게 해 주고 주님의 축복을 가져오는 그런 기도를 하는 법을 가르쳐 주소서.[3]

격려가 되는 감정

성령께서는 흔히 말씀을 사용하여 나의 마음을 고무하고 나의 감정을 변화시키십니다. 영적 메마름 혹은 실망으로부터 나를 가장 능력 있게 건져 주는 것은 나의 생각을 하나님께로 향하게 해주는 말씀들입니다. 지난 몇 년 동안은 "하나님의 인자…를 보라"는 로마서 11:22 말씀이 나를 향한 하나님의 아낌없는 사랑과 인자하심에 대한 따뜻한 감사로 나의 마음을 돌이켜 주곤 했습니다. 이 구절은 종종 시편 31:19을 생각하게 해주었습니다. "주를 두려워하는 자를 위하여 쌓아 두신 은혜, 곧 인생 앞에서 주께 피하는 자를 위하여 베푸신 은혜가 어찌 그리 큰지요!" 또 하나님의 선하심을 노래하는 찬송가의 가사를 묵상해 보기도 합니다.

하나님의 구체적인 축복들을 회고해 보는 것도 격려가 됩니다. 나는 종종 나의 삶의 경계선은 내가 아름다운 곳을 벗어나지 않도록 그어져 있음을 가르쳐 주는 시편 16:6을 읽습니다. "내게 줄로 재어 준 구역은 아름다운 곳에 있음이여, 나의 기업이 실로 아름답도다." 나의 삶에 수많은 갈등, 실패, 실망 및 시험들이 있었지만 또한 하나님께서 몸소 함께하시며 축복하신 것도 있습니다. 나는 이 구절 말씀을 풀어서 주님께 기도합니다. "주님께서는 정녕 코 나의 삶을 아름답게 하시고 나의 처지를 즐거워할 만하게 만드셨나이다." 그리고 나서 나는 하나님께서 이 말씀을 이루어 주신 구체적인 경우들에 대해 감사드립니다. 시편 23:6은 나의 장래에 대해 똑같은 확신을 갖게 해주는데, 나는 이렇게 감사 기도를 합니다. "이 땅에서 사는 동안 매일 주님의 선하심과 인자하심과 풍성한 사랑이 정녕 저를 따를 것이며, 주님께서 저를 위해 예비하고 계시는 곳에서 영원토록 주님과 함께 살 것입니다. 이로 인하여 감사드립니다." 이 진리들이 나의 감정을 고무해 주고 찬양을 북돋아 줍니다.

두려움을 느끼거나 나는 자격이 없다고 생각될 때 성령께서는 스가랴 4:6 말씀을 통해 다시 확신을 갖게 해줍니다. 나는 하나님께 상기시켜 드립니다. "주님, 제게 자격이 있을 필요가 없습니다. 왜냐하면 저의 사역이 잘 되는 것은 저의 힘이나 능으로 되는 것이 아니고 오직 주님의 영으로 되는 것이기 때문입니다." 고린도전서 15:10 말씀으로 기도하는 것은 여러 상황에서 의심을 없애 줍니다. "주님, 저의 부족에도 불구하고 주님의 은혜로 오늘날의 제가 되었습니다. 저의 미래도 주님의 은혜로 말미암을 것입니다. 지금까지 주님의 일을 할 수 있었던 비결은 부족하기만 한 저의 능력에 있는 것이 아니라 주님의 은혜에 있었던 것임을 알고 감사드립니다."

날마다 읽는 성경 말씀을 통하여 혹은 특별한 구절들을 통하여 하나님께서는 나에게 기쁨과 확신을 회복시켜 주시곤 합니다. 로마서 15:13에서는 이렇게 말씀하십니다. "소망의 하나님이 모든 기쁨과 평강을 믿음 안에서 너희에게 충만케 하사 성령의 능력으로 소망이 넘치게 하시기를 원하노라." 또한 4절은 우리가 성경의 위로로 말미암아 소망을 가지게 된다고 말해 줍니다. 성령과 말씀은 함께 역사하여 침체된 감정 대신 하나님의 위로로 채워 주시는 것입니다. 앤드류 머리는 기도에 관한 책에서 이렇게 적고 있습니다.

> 오, 성령은 본질적으로 말씀의 영이요 기도의 영이신 것을 우리가 깨달을 수만 있다면! 그는 말씀으로 우리 영혼 속에 기쁨과 빛이 되게 하시고, 또한 우리로 기도 가운데서 하나님의 마음과 뜻을 알고 그 안에서 우리 기쁨을 발견할 수 있도록 가장 확실하게 도와주실 것입니다.[4]

주님께서 나의 감정을 소성시켜 주시지 않을 때조차도, 내가 그의 빛 가운데 걷고 있다면 담대하게 확신을 가지고 기도(또는 증거나 말씀 읽기)를 할 수 있습니다.

소박한 기도와 유창한 기도

기도의 효과가 감정과는 무관하듯 달변과도 무관합니다. 정확한 문법과 적당한 수식이 있는 멋진 기도는 빨리 하나님께 도달하며 그의 즉각적인 주목을 받는 반면, 중간 중간에 막히고 뒤죽박죽이 된 기도는 무시된다고 생각하기가 쉽습니다. 아마도 다음에 있는 윌리엄 거날의 말은 기도에 관한 당신의 경험을 이야기하고 있는지도 모르겠습니다.

> 때때로 당신은 서투르게 몇 마디 어색한 말로 겨우 기도하는 데 반해 다른 사람이 조금도 막힘없이 유창하게 기도하는 것을 듣게 되면, 당신은 마치 금으로 도금한 열쇠가 문을 더 잘 열기라도 하듯이 그를 부러워하며 자신을 나무랄지도 모릅니다.

우리의 능변, 설득력 있는 논리, 짜임새, 이론적 정확성 - 이들 중 어느 것도 하나님 존전으로 나아가는 문을 열 수는 없습니다. 이런 것들은 공중 기도를 할 때 도움이 되기는 하지만 하나님께는 아무런 영향도 주지 못합니다. 하나님께서 종종 성령 충만하고 유창한 기도를 사용하여 그의 백성을 교훈하고 격려하며 일깨우시기도 하지만, 다듬어지지 않은 순박한 기도 또한 이와 동등하게 하나님을 기쁘시게 하고 응답을 가져오는 것입니다.

최근 어떤 부인이 나에게 이런 말을 했습니다. "몇 달 전 저는 선생님께서 기도에 달변은 필요 없다고 말씀하시는 것을 들었는데, 그 말씀이 제게 도움이 되었답니다. 하나님께서는 독창성도 중요하지 않다는 것을 가르쳐 주셨습니다. 그때까지만 해도 저는 좀 더 색다른 방식으로 기도하면 하나님께서 더 인상 깊게 들으실 것이라고 생각했었거든요."

우리는 어느 정도는 지루한 반복보다는 다양한 것이 더

능력이 있다고 여기는데, 그래서 한 사람을 위해서 기도할 때도 구원받도록, 죄 용서함을 받도록, 거듭나도록, 새 피조물이 되도록, 영원한 생명을 얻도록, 혹은 그가 마음 문을 열도록, 그리스도를 영접하도록, 주님께로 돌아오도록, 또는 그리스도를 믿도록 기도하는 것입니다. 확실히, 우리는 매일 그저 "주님, 그를 구원해 주십시오" 하고 기도하는 것보다는 그렇게 기도하는 것이 하나님께 더 큰 영향을 미칠 것이라 생각하고 있는 것입니다. 그러나 하나님께서 이 여러 기도 제목 중 하나만 응답하시면 사실 그 전체를 응답하신 것입니다. 우리가 어떤 말을 사용하든 하나님께서는 다 알아들으십니다.

그러나 가끔 나는 큰 짐을 느끼며, 너무나도 열렬하게 소리 내어 기도하는 때가 있는데, 그런 경우에는 다음 기도 제목으로 넘어갈 수가 없습니다. 그런 기도에서는 성령께서 나를 이끌어 어떤 것에 대하여 반복적으로, 어쩌면 여러 가지 방법으로 간청하도록 하시는 것인지도 모릅니다. 그러나 이것은 내가 다양한 방법으로 충분한 감정을 넣어 간구하면 하나님께서 더 잘 들으시고 응답하실 것이라 생각하는 것과는 다릅니다. 독창성은 나를 자극해 줄지는 몰라도 하나님께 색다른 인상을 주지는 못합니다.

기도 소리의 크기나 마음의 강도도 마찬가지입니다. 어떤 때 내가 열정적으로 힘차게 기도하다 보면 소리가 점차 커져서 마침내 아내가 "여보, 하나님은 귀먹지 않으셨어요!" 하고 말해 주기도 합니다. 이런 식으로 기도하는 것도 전혀 잘못된 것이 아니지만, 하나님께서는 감정이 별로 가미되지 않은 속삭이는 듯한 기도도 이와 마찬가지로 쉽게 들으십니다. 하나님과의 올바른 관계가 중요한 것입니다. "의인의 간구는 역사하는 힘이 많으니라(야고보서 5:16).

또 마치 기도를 길게 하고 말을 많이 하는 것이 주님께 감명을 주는 것처럼 생각하여 오랜 시간 기도한다고 해서 응답을 확실히 받는 것도 아닙니다. 어떤 사람이 이런 말을 했습니다. "저는 30분 이상 기도하지 않으면 제 기도가 아무 소용이 없는 것처럼 생각되곤 했습니다." 기도를 길게 하는 것이 응답의 조건이 아닙니다. 자의적인 노력은 성공적인 기도의 열쇠가 아닙니다. "만군의 여호와께서 말씀하시되 …많은 사람의 힘이나 각 개인의 노력으로 되지 않고 오직 나의 영으로 되느니라"(스가랴 4:6 참조).

이것은 긴 기도는 하나님께서 받지 않으신다는 것이 아닙니다. 주님께 세부 사항을 설명 드리기 위해 시간을 더 들이는 것은 생각을 명료하게 해주며, 기도의 초점을 맞추는 데 도움을 줄 수 있습니다. 종종 다윗은 친구에게 하듯 하나님께 자기 문제점들을 설명하고 자신이 처한 상황을 자세하게 이야기했습니다. 기도 가운데 하나님으로 더불어 많은 시간을 보내는 것은 우리 삶과 믿음을 변화시키는 효과를 가지고 있지만, 말이 많다고 해서 하나님께서 더 잘 들어주시는 것은 아닙니다.

기도에서의 거짓된 감정과 참된 감정

이사야 58장과 59장에서 선지자 이사야는, 기도 생활에서 감정적 만족감을 경험했지만 하나님께서 그들의 기도를 듣고 응답하시지 못하게 하는 심각한 죄 가운데 있던 사람들에 대해 이야기하고 있습니다. 하나님께서는 그들을 기뻐하시지 않았습니다. "그들이 날마다 나를 찾아 나의 길 알기를 즐거워함이… 의로운 판단을 내게 구하며 하나님과 가까이하기를 즐겨하며…"(이사야 58:2).

그들은 하나님과 가깝게 느꼈지만 그 가까움은 다만 그들의 생각이었을 뿐입니다. 하나님의 관점에서는 그들은 가깝지 않았습니다. 왜냐하면 그들의 마음이 하나님께로부터 멀었기 때문입니다. 그들은 하나님께 다가가기 위해 금식, 굵은 베옷, 재, 그리고 자기 부인과 애통을 상징하는 수단을 동원했습니다. 그들은 하나님을 탓하며 이렇게 물었습니다. "우리가 금식하되 주께서 보지 아니하심은 어찜이오며, 우리가 마음을 괴롭게 하되 주께서 알아주지 아니하심은 어찜이니이까?"(이사야 58:3) 즐거워한 것이나 비통해한 것 모두 그들의 기도를 받으실 만한 것이 되게 하지는 못했습니다. 왜냐하면 그들은 주님의 뜻을 행하려는 열망으로 주님을 구하지 않았기 때문입니다.

주님께서는 어떤 사람들은 무거운 마음으로, 눈물을 흘리고, 신음하며, 간절함과 큰 고뇌를 느끼면서 기도하게 하시기도 합니다. 그런 기도도, 고뇌나 감정적 열정에 의하여 그 응답을 얻어 내려 하지 않고 단순한 믿음으로 하나님을 의지할 때 하나님께서 들으십니다. 기쁨과 슬픔은 모두 우리에게 유익하고 치유의 효과가 있으며, 성령의 인도하심을 받은 기도의 참된 일부가 될 수 있으므로, 감정 자체를 두려워하거나 회피하지는 말아야 합니다. 감정 섞인 기도를 하는 데 대해 자유로움을 갖되, 그것을 효과적인 기도의 유일한 방법으로 생각하지는 말아야 합니다. 감정은 우리를 속일 수 있으며, 하나님께서 우리 기도와 우리 삶에 대해 얼마나 기뻐하시는지를 가늠하는 믿을 만한 척도가 될 수도 없습니다.

A. W. 토저는 한 저서에서 이렇게 적고 있습니다.

> 인간의 마음은 악기와 같아서 성령께서 연주하실 수도 있고 악한 영이나 인간 자신의 영이 연주할 수도 있습니다. 연주자가 누구이든 느끼는 종교적 감정은 똑같습니다. 많은 경우, 즐거운 감정은 저속한 것 또는 심지어 우상 숭배에 의해서도 영혼 내에 생겨날 수 있습니다.[5]

토저는 계속하여 명목상으로는 예수님을 믿는 어떤 사람의 기도하는 모습을 그리고 있습니다. 종교적인 조상(彫像) 앞에 무릎 꿇고 "흠모하는 마음으로 인해 숨을 죽이면서" 마치 자신이 확실히 하나님을 예배하고 있는 것처럼 사랑과 경외와 경의를 느끼며 앉아 있는 모습입니다. 그러나 하나님께서는 어떤 형상이나 그림 또는 우상에게 절하거나 기도하는 것을 명백히 금하셨던 것입니다(출애굽기 20:4-5 참조). 토저는 또한 힌두교인, 무당과 같은 강신술자, 또한 신비주의자와 같은 사람들이 하는 신비한 황홀경의 경험을 단지 그들의 상상으로만 여겨서는 안 된다고 설명하고 있습니다. 때로 그들은 실제로 자신을 초월하는 어떤 영이나 능력과 만나는 것입니다. 그러나 참되신 하나님과 만나는 것은 결코 아닙니다.

"어느 구루의 죽음"이라는 책에서 라빈드라나드 마하라지는 독실한 힌두교도인 자신이 극도의 희열을 맛본 종교적 비상(飛翔)에 대해 기술하고 있습니다. 나중에, 그는 자신이 숭배하고 있던 영들이 신비적인 희열의 마력을 통해 자기를 사로잡은 후에 그가 겪었던 무시무시한 경험들에 대해 전해 줍니다. 때때로 신비한 영적 경험들을 구하거나 초자연적 명상 따위와 같은 동양 종교의 의식을 시도하는 그리스도인들도 마찬가지로 영적 황홀경에 빠지는 경험을 하는데 그것은 하나님께로부터 오는 것이 아닙니다.

그보다는 덜하지만 그 밖에 여러 위험들이 몰래 우리 기도 시간으로 침투할 수 있습니다. 수세기 전 마담 귀용은 "나는 자신의 내적인 기쁨을 지나치게 추구하다가 많은 잘못을 저질렀습니다"라고 썼습니다.

주님과 효과적이며 밀접하게 동행하는 삶을 살아온 나의 처제가 언젠가 이런 말을 했습니다. 즉, 그녀는 전에 없는 기쁨에 넘치는 시간을 하나님과 함께 갖고 나서 어떤 시련이나 집안일 및 가족들을 대하는 태도에 있어서 가장 좋지 못한 하루를 보내는 적이 있다는 것입니다. 아울러 경건의 시간에 감정이 격앙되는 것을 내버려 두지 않고 자제하였을 때 더욱더 성령의 지배를 받는 하루를 보낼 수 있었다고 말했습니다. 그녀는 여전히 주님 안에서 기쁨을 느끼고 있었지만 하나님의 계명들을 묵상하고 하루의 구체적인 일과들을 위해 기도하는 이 중요한 일에 더 많은 시간을 할애했습니다. 기도 시간을 통해 그녀는 자신이 하나님을 전적으로 의지한다는 사실을 하나님께 고백하고, 가정생활의 실질적인 영역들에서 하나님의 뜻을 행하고자 자신의 헌신을 새롭게 했습니다. 그리하여 식사 준비를 하고 설거지를 할 때 그녀는 경건의 시간에 느꼈던 즐거움을 의지하지 않고 성령으로 내주하셔서 자신을 다스리는 하나님만을 의지하게 된 것입니다.

시편 기자도 이런 균형을 유지했습니다. 그는 하나님의 계명에 순종하기 위하여, 하나님과 그 말씀 안에서 기뻐할 뿐 아니라 자신의 행위에 대하여 주의 깊게 생각하였습니다(시편 119:59-60 참조). 그는 감정을 적절하게 강조하면서도 순종에 세심한 주의를 기울임으로써 균형을 맞추었습니다.

오스왈드 체임버스는 예수 그리스도로 인하여 마음이 **황홀해지는 것**과 그로 인하여 **변화되는 것**은 별개의 것이라고 했습니다. 황홀한 마음으로 인하여 그리스도가 우리의 주된 관심이 되고 우리의 유일한 주인이 되지 않는다면 그 자체는 아무 의미도 없습니다. 찬양하고픈 기분은 즐거운 것이지만, 더욱더 순종하는 가운데 하나님께서 우리 마음과 뜻을 사로잡도록 해드리는 것은 훨씬 더 중요한 것입니다.

하나님의 진리를 배우는 일은 때로는 단조롭고, 때로는 즐거우며, 때로는 고통스럽습니다. 우리 생각을 그의 말씀에 일치시키고 또 그에게 순종하고자 할 때, 하나님께서는 기도와 일상생활에서 우리 감정을 주관하실 것입니다.

우리가 깨끗케 함을 받고 주님 안에 거하는 삶을 살며, 예수님의 이름으로 하나님의 뜻을 따라 믿음으로 기도하면 하나님께서는 우리 기도를 들으십니다. 느낌이나 기도의 길이 또는 유창한 말이 응답받는 기도의 기초가 되는 것은 아닙니다. 우리는 하나님과 그의 말씀을 의지해야 합니다.

개인 적용

1. 지금까지 감정 때문에 내가 효과적으로 기도하는 데 방해를 받은 경우가 있었는가? 그렇다면 어떤 식으로 방해가 되었는가?

2. 앞으로 이런 것을 방지하기 위하여 무엇을 할 수 있는가?

주:

1. Richard C. Halverson, *Somehow Inside of Eternity* (New York International Bible Society, 1978), page 46.
2. Dick Eastman, *Change the World School of Prayer* (World Literature Crusade, n.d.), page D-120.
3. Samuel McComb, *A Book of Prayer* (Dodd, Mead and Company, 1912).
4. Andrew Murray, *The Prayer Life* (Moody Press, n.d.), page 89.
5. A. W. Tozer, *Man: The Dwelling Place of God* (Christian Publications, Inc., 1966), page 122.

14

주님을 향한 헌신

> 결심 1 : 모든 사람은
> 하나님의 영광을 위해 살아야 한다.
> 결심 2 : 다른 사람은 어찌하든,
> 나는 그렇게 살겠다.
> -조나단 에드워즈

하나님께서는 헌신된 마음을 가진 사람, 그리스도를 깊이 알기를 갈망하며 그를 부지런히 따르는 사람들을 찾고 계십니다. 그런 사람은 하나님의 가르침과 능력에 자신을 활짝 열어 두며, 그 보상으로 하나님께서는 그들에게 다른 사람은 꿈도 꾸지 못하는 자유와 능력과 응답받는 기도의 삶을 허락해 주십니다. 역대하 16:9은 다음과 같이 말합니다.

> 여호와의 눈은 온 땅을 두루 감찰하사 전심으로 자기에게 향하는 자를 위하여 능력을 베푸시나니…

그리스도께서 우리와의 교제를 열망하신다

하늘과 땅의 주님께서 우리 얼굴을 보고 싶어 하시며 우리 목소리 듣기를 갈망하십니다. 그는 솔로몬의 아가에 나오는 신랑이 신부를 대하듯 우리를 대하십니다. "네 소리는 부드럽고 네 얼굴은 아름답구나"(아가 2:14).

로버트 멍거 박사의 감동적인 소책자인 내 마음 그리스도의 집에서는 영적으로 어린 한 그리스도인이 어떻게 자기 마음속의 여러 방들을 그리스도께 내어 드리게 되었는지 또 그리스도께서 자기와의 교제를 갈망하신다는 것을 어떻게 알게 되었는지에 대해 이야기하고 있습니다.

다음에 우리는 응접실로 들어갔습니다. 나는 이 방을 좋아하였습니다. 이곳은 보다 친근감이 있고 아늑했습니다. 벽난로와 안락의자들 및 책장이 있었고 분위기가 조용했습니다. 주님께서도 이 방을 마음에 들어하시는 것 같았습니다.

주님께서 이렇게 말씀하셨습니다. "이 방은 실로 훌륭한 방이구나. 자주 여기에 오도록 하자. 우리가 여기서 함께 교제할 수 있겠구나." 어린 그리스도인으로서 나는 그리스도와 단 몇 분 동안이라도 따로 친밀한 교제를 갖는 이 일을 제쳐 두고 다른 것을 하려는 생각은 할 수가 없었습니다. 주님께서 "내가 매일 아침 일찍 여기에 나와 있을 테니 여기서 나를 만나서 하루를 함께 시작하자"고 약속해 주셨습니다.

그래서 매일 아침, 나는 아래층의 응접실로 갔습니다. 주님께서는 책장에서 성경책을 가져오셨으며, 우리는 함께 그것을 펼쳐 읽곤 했습니다. 주님께서 내게 성경의 진리들을 풀어 주시며, 나를 향한 주님의 사랑과 은혜를 보여 주실 때 내 마음은 뜨거워졌습니다. 참으로 놀라운 시간들이었습니다.

　그러나 책임 맡은 일들에 쫓겨 주님과 교제하는 그 시간이 조금씩 짧아지기 시작하였습니다. 이는 전혀 고의적인 것이 아니었고 단지 내가 너무 바빴기 때문이었습니다. 마침내 나는 시험공부나 긴급한 일들 때문에 가끔 하루씩 그 시간을 빼먹기 시작했고, 나중에는 더 자주 그 시간을 빼먹었습니다.

　어느 날 아침에 급히 아래층으로 뛰어 내려가다가 응접실 안을 힐끗 들여다보니 주님께서 혼자 거기에 앉아 계시지 않겠습니까? 당황하면서 나는 이렇게 생각했습니다. "나는 주님을 손님으로 대우하고 있구나. 나는 주님을 나의 주인으로 내 마음에 모셔 들이지 않았던가! 그래 놓고선 나는 주님을 푸대접하고 있구나." 나는 고개를 떨어뜨리고 응접실로 들어가 이렇게 말하였습니다. "주님께서는 매일 아침 여기에 나오셨습니까?" 주님께서는 "그래. 너와 만나기 위해 내가 매일 아침 이리로 오겠다고 약속했지"라고 말씀하셨습니다. 나는 너무도 부끄러웠고, 주님께 용서를 구했고, 주님께서는 기꺼이 용서해 주셨습니다. 주님께서는 이렇게 말씀하셨습니다. "너의 문제는 바로 이것이다. 즉, 너는 지금까지 나와 교제하는 이 경건의 시간을 너의 영적인 삶의 발전을 위한 요소로만 생각했지, 이 시간이 나에게도 중요하다는 사실은 잊고 있었다. 내가 너를 사랑하고 있다는 것을 기억해라. 나는 많은 값을 지불하고 너를 구속했다. 나는 너와의 교제를 원한다. 나를 위해서도 이 시간을 소홀히 하지 말아라. 너의 원하는 바가 무엇이든지 간에 나는 너와의 교제를 원하고 있다는 사실을 잊지 말아라."

그리스도께서 나와의 교제를 원하시며 나를 사랑하사 나를 기다리고 계신다는 진리는 다른 어떤 사실보다도 나의 경건의 시간에 큰 변화를 가져다주었습니다. 그리스도께서 당신 마음의 응접실에 혼자 계시게 하지 마십시오.[1]

완전한 헌신

어느 날 예루살렘에서 다메섹으로 가는 길에서 똑똑하고 장래가 촉망되는 사울이라는 청년이 그의 삶에 일대 변혁을 가져온 분을 만났습니다. 그리스도를 따르는 사람들을 말살시키려는 불타는 열정에 사로잡혀 다메섹에 가까이 왔을 때, 그는 갑자기 화창한 날 중천에 뜬 해보다도 더 밝은 한 빛을 보았습니다. 갑자기 눈앞이 깜깜해지며 땅에 엎드려졌을 때 큰 소리가 들려 왔습니다. 분명 그의 이름을 부르고 계시는 하나님의 목소리였습니다.

"사울아, 사울아, 네가 왜 나를 핍박하느냐?"

사울은 소리쳤습니다. "주여, 뉘시니이까?"

그러자 깜짝 놀랄 만한 대답을 듣게 되었습니다. "나는 네가 핍박하는 나사렛 예수라"(사도행전 22:6-8).

그 순간 사울은 예수님이 하나님이시며 자신이 그리스도인을 핍박하는 것은 곧 하나님을 핍박하는 것이라는 사실을 깨닫게 되었습니다. 그리스도의 몸의 지체들인 그리스도인들은 또한 하나님의 지체인 까닭입니다.

수많은 걱정거리들이 사울의 뇌리를 스쳤을 것입니다. 모두 철저한 유대교인인 자기 가족, 지금까지 자기와 함께 그리스도와 그를 따르는 자들을 미워해 왔던 엄격한 바리새인 친구들, 재정 문제, 유대교 지도자로 촉망되는 자신의 장래 등. 예수를 하나님이라 시인하면 사울은 사냥꾼에서 사냥감으로 전락하게 될 판국이었습니다. 영향력 있는 유대 가문의 아들이며 날 때부터 로마 시민권을 가지고 있었지만(다른 사람들은 이 특권을 얻기 위해 거액의 돈과 뇌물을 바쳤다), 이제는 미천하고 멸시받는 그리스도인의 무리, 정치적으로나 종교적으로 미움받은 나사렛 예수를 따르는 무리의 일원이 될 순간이었습니다.

다메섹 도상의 그 짧은 순간에 사울은 결단을 내렸습니다. 이윽고 두 번째 질문은 그로 하여금, 여러 도시와 나라와 문화를 변화시키고 예수 그리스도 다음으로 가장 위대한 사람이 되게 한 새로운 삶과 사역에 헌신하게 했습니다.

바울의 두 번째 질문은 "주여, 무엇을 하리이까?"(사도행전 22:10)였습니다.

이 질문은 그리스도가 하나님이시며 주님이심을 시인한 것으로서, 되돌아서지 않는 완전한 굴복을 의미했습니다.

그것은 사울의 생애에서 어렵고도 중요한 많은 결단 가운데 최초의 것이었으며, 이는 또한 그리스도의 통치와 주재권에 대한 최초의 큰 순종이었고, 이후 그의 삶 가운데는 이 같은 순종이 연속되었습니다. 그 시각부터 사울은 바울로 거듭나, 어느 누구도 비교될 수 없는 그리스도께 대한 충성으로 역사를 바꾼 인물이 되었습니다. 그처럼 철저한 굴복과 신속한 순종 가운데 열정적으로 주님과 주님의 일을 위해 고난받기를 즐겨하며 일편단심으로 죽기까지 수고하며 헌신했던 사람은 거의 없습니다. 그처럼 열심으로 쉬지 않고 일하며, 하나님께 능력 있게 쓰임받은 사람도 거의 없습니다.

빌립보서 3장에서 바울은 그의 생애의 목표를 잘 보여줍니다. 그는 이를 위해 치러야 할 대가를 개의치 않았습니다. 그리스도는 그의 삶과 사역의 유일한 초점이요, 모든 것을 초월하는 단 하나의 목표였습니다.

그러나 무엇이든지 내게 유익하던 것을 내가 그리스도를 위하여 다 해로 여길 뿐더러, 또한 모든 것을 해로 여김은 내 주 그리스도 예수를 아는 지식이 가장 고상함을 인함이라. 내가 그를 위하여 모든 것을 잃어버리고 배설물로 여김은 그리스도를 얻고 그 안에서 발견되려 함이니… **내가 그리스도와** 그 부활의 권능과 그 고난에 참여함을 **알려 하여** 그의 죽으심을 본받아…

오직 한 일 즉 뒤에 있는 것은 잊어버리고 앞에 있는 것을 잡으려고 **푯대를 향하여** 그리스도 예수 안에서 하

나님이 위에서 부르신 부름의 상을 위하여 **좇아가노라**
(빌립보서 3:7-10,13-14).

바울의 확고한 목표는 부활하신 주님을 완전히 알고 그를 경험하는 것이었습니다. 예수 그리스도가 그의 믿음과 메시지와 다른 사람들을 위한 기도와, 고난 중에도 즐거워하는 삶의 초점이 되어 있었습니다. 바울은 그리스도를 향한 마음을 가지고 있었으며, 그 점에서 그는 좋기는 하나 덜 중요한 목표들을 가지고 있는 사람들과 달랐습니다.

바울은 말했습니다. "오직 한 가지 일, 이 일에 나는 집중하고 있습니다. 이 한 가지를 추구하기 위해 내 모든 힘을 쏟습니다. 나는 내 뒤에 있는 것은 모두 잊어버리고 그 목표를 향해 곧장 달려갑니다. 많은 일들에 신경을 쓰고 있는 것이 아니라, 나는 오직 한 가지 일을 합니다."

바울은 유일한 목표를 가지고 있었으며, 그 목표 즉 그리스도를 알고 그를 알게 하는 일에 전념하였습니다. 바울의 모든 행동과 모든 기도는 이 불타는 열망에 따른 것이었습니다.

그러한 헌신은 또한 우리 삶의 형태도 결정할 것이며, 하나님의 모든 목적의 핵심인 주 예수 그리스도께 우리 기도의 초점을 맞추게 해줍니다. 이 세계는 그리스도가 자신의 삶의 유일한 초점인 사람들을 더 많이 필요로 하고 있습니다.

한 가지 일에 헌신함

다윗이 그런 삶을 살았습니다. 다윗은 죄인이기도 했지만, 그는 또한 "내 마음에 합한 사람이라. 내 뜻을 다 이루게 하리라"(사도행전 13:22)는 놀라운 칭찬도 들었습니다. 이것이 하나님의 아들 예수 그리스도의 조상이 될 왕에 대해 하나님께서 내리신 평가였습니다. 시편을 조금만 읽어 보아도 하나님을 알기 위한 다윗의 남다른 열정을 알게 됩니다.

> 내가 여호와께 청하였던 한 가지 일 곧 그것을 구하리니,
> 곧 나로 내 생전에 여호와의 집에 거하여,
> 여호와의 아름다움을 앙망하며,
> 그 전에서 사모하게 하실 것이라…
> "너희는 내 얼굴을 찾으라" 하실 때에
> 내 마음이 주께 말하되, "여호와여,
> 내가 주의 얼굴을 찾으리이다" 하였나이다.
> (시편 27:4,8)

유복했던 독일의 진젠도르프 백작은 모든 것을 버리고, 부활하사 우주를 다스리고 계시는 그리스도를 그의 삶의 중심으로 삼았습니다. 네 살 때 "주님, 나의 것이 되어 주세요. 그러면 내가 주님의 것이 될게요"라고 말했고, 열 살 때는 "나에겐 열망하는 것 하나가 있습니다. 그것은 주님, 오직 그분뿐입니다"라고 말했습니다.

이 어린 시절의 헌신은 일생 동안 계속되었습니다. 하나

님께서 그를 사용하셔서 모라비아 선교 운동을 일으키신 것은 조금도 이상한 일이 아닙니다. 이 운동은 1700년대 초에 아메리카를 포함하여 전 세계의 수많은 지역에 선교사들을 파송했습니다. 모라비아 교회는 선교를 위한 100년간의 24시간 연속 기도 모임으로 유명합니다. 교인 92명에 하나꼴로 선교사로 나갔습니다. 이 운동은 하나님께 쓰임 받아, 진젠도르프처럼 그리스도께 온전히 헌신한 삶을 산 영국의 요한 웨슬리를 비롯한 수많은 영혼들을 변화시켰습니다.

아시아 지역을 여행하면서 나는 바로 이러한 마음을 가지고 있는 젊은이들을 만납니다. 이들은 남다른 데가 있습니다. 그리스도를 알고자 하는 열망, 말씀에 대한 깊이와 연단, 기도의 삶, 그리스도를 전하는 데 있어서의 열심과 기술에 놀라움을 금하지 않을 수 없습니다. 비록 완전하지는 않지만, 그들에게는 보기 드문 열정과 사람을 끄는 매력이 있습니다. 그리하여 하나님께서는 그들을 사용하고 계시는 것을 보게 됩니다.

오늘날 하나님께서는 이처럼 일편단심 헌신적으로 그리스도를 따르는 사람들을 찾고 계십니다. 곧 하나님의 영광을 위해 살고, 잃어버린 영혼들과 그리스도의 일꾼들을 위해 기도하며 그리스도를 위하여 세상에 큰 영향력을 미치는 데 자신을 바치는 사람들을 말입니다.

경건의 시간에 관한 책에 나오는 다음 생각들이 오랫동안 내게 도전이 되어 왔습니다.

극소수의 사람들만 소유했던 그리스도에 대한 열정이 있습니다. 그러나 그것은 그것을 가진 사람들을 주위 사람들로부터 영원히 구분했습니다.[2]

우리 나머지 사람들에게 있는 문제는 이것입니다… (비록) 우리는 그를 위해 열심히 일한다 할지라도, 우리와의 교제를 갈망하시며 우리 영혼을 사랑하시는 분에 대해 생각할 틈은 거의 내지 않고 분주하게 시간을 흘려보내고 있다는 점입니다.

배교(背敎)의 세찬 흐름 속에서도, 그리스도인이라 자처하는 무리들을 삼키는 쾌락의 소용돌이 속에서도, 하나님께서는 그에게 속한 자들이 있습니다… 그들은 세상의 어두움이 깊어 갈수록 더 밝게 타오르는 믿음과 열심을 가진 사람들입니다. 그들은 자신들의 주님을 위해… 언제라도 죽을 각오가 되어 있습니다. 그들은 진리를 위해 용감히 싸우며 주님을 위해 힘차게 칼을 휘두릅니다. 그럼에도 불구하고, "내게 사는 것이 그리스도니…"라고 한 바울의 말 속에 들어 있는 것과 같은, 그리스도에 대한 열정을 가진 사람은 별로 없습니다.[3]

순종하는 제자들에게 상이 있으며, 충성된 제자들에게는 힘과 권세가 있고, 열심 있는 제자들에게는 성취라는 영광이 있습니다… 그러나 주님만을 위하여 주님을 사랑하는 사람들에게는, 그의 사랑의 속삭임이 있고 그가 함께하시는 기쁨이 있고 그의 얼굴의 광채가 있습니다.[4]

개인 적용

1. 이 장에서 나에게 가장 인상적인 것은 무엇인가?

2. 하나님께서 내가 취하기 원하시는 결단이나 행동은 어떤 것인가?

주:

1. Robert Boyd Munger, *My Heart Christ's Home* (InterVarsity Press, 1954).
2. *Quiet Time* (InterVarsity Press, 1945), page 24.
3. *Quiet Time*, pages 24-25.
4. *Quiet Time*, page 30.

15
기도를 위한 시간을 내라

우리가 기도를 과소평가하고 있다는 것은
그것에 투자하는 시간이 적다는
사실에 비추어 볼 때 명백한 것입니다.
—E. M. 바운즈

알베르트 아인슈타인은, "수단의 완벽과 목표의 혼란이 우리 시대의 특징이다"라고 말했습니다. 아인슈타인은 아마도 다른 특징들을 덧붙일 수도 있었을 것입니다. 마감 시간, 허둥댐, 분주함, 그리고 우리 스스로 생활의 스트레스에 대한 보상이라고 당연시하며 추구하는 향락에 소비되는 많은 시간들 등. 우리 목표는 혼란되어 있고, 우리에게는 어떤 일을 제대로 하기에 충분한 시간이나 참으로 중요한 일들을 조금이라도 할 만한 넉넉한 시간이 없습니다. 우리에게는 하나님과의 교제를 위한 시간과, 진보를 나타내는 효과적 기도 생활을 위한 시간이 결핍되어 있습니다. R. A. 토리는 우리 대부분의 사람들의 실정을 이렇게 묘사했습니다.

일반적인 그리스도인들은 기도에 얼마나 적은 시간을 들이는지! 우리는 너무 바빠서 기도할 수 없고, 너무 바빠서 능력을 가질 수 없는 것입니다. 활동은 많이 하지만, 이루는 것은 별로 없습니다… 하나님의 능력이 우리 삶과 일에 결여되어 있습니다. 우리가 갖지 못하는 이유는 구하지 않기 때문입니다.[1]

우리에게 주어진 시간의 절대적인 양에 문제가 있는 것입니까? 누구에게나 하루 스물네 시간이 주어져 있습니다. 부자라고 더 많은 것도 아니고 가난한 사람이라고 더 적은 것도 아닙니다. 이 스물네 시간 가운데 많은 부분은 우리의 결정에 따라 우리가 선택한 대로 사용됩니다. 일하러 가는 것은 우리의 선택입니다. 일하지 않고 집에서 놀며 굶을 수도 있기 때문입니다. 날마다 우리는 먹고 자는 데 시간을 들입니다. 공부하고 주님을 섬기고 TV를 보는 데 시간을 들입니다. 이 활동들 가운데 어떤 것을 빼고 그 대신 다른 것을 하기로 결정할 수도 있습니다. 주말이면 잠을 좀 더 자는 데, 밀렸던 공부를 하는 데, 운동을 하거나 친구를 만나는 데 시간을 들이기도 합니다. 우리에게 주어진 시간에 무엇을 하느냐 하는 것은 주로 우리의 선택에 달려 있습니다. 우리는 가장 하고 싶은 일과 가장 중요하다고 생각하는 일을 위해 시간을 냅니다.

하지만, 우리는 얼마나 자주, "난 시간이 없어 규칙적인 경건의 시간을 가질 수가 없어. 기도할 시간이 없단 말이야"라고 말하는지요. 또 얼마나 자주 "난 이 급한 일들이 마무리되는 대로 하나님과의 교제 시간을 가져야지" 하고 합리화하면서 성령의 내적 촉구를 묵살해 버리는지 모릅니다. 그런 생각들은 우리의 가치관이 어떠한지 드러내 줍니다. 우리의 진정한 문제는 우리가 쓸 수 있는 시간의 양에 있는 것이 아니라 우리의 우선순위에 있는 것입니다. 날마다 우리에게는 하나님의 뜻 가운데 있는 모든 일을 할 충분한 시간이 주어져 있습니다.

시간을 내기로 작정하십시오

그 해결책은 시간이 나서 기도하는 것이 아니라 시간을 내어 기도하는 것입니다. 매일 매주 매월 단단히 결심하여 기도 시간을 내야 합니다. 이것이 쉽지 않다는 것을 압니다. 나는 감정을 의지하지 않고 하나님의 말씀을 의지하는 것보다, 기도할 시간을 내는 것이 더 어렵다는 것을 발견합니다. 그러나 그것은 내가 하나님을 기쁘시게 하고 의미 있는 삶을 살고자 할 때 필수 불가결한 것입니다. S. D. 고든은 위대한 하나님의 사람들은 곧 기도하는 사람들이라는 사실을 상기시켜 줍니다. 그들은 시간이 나서 기도한 것이 아니라, 중요하고 긴급한 다른 일로부터 그 시간을 떼어 냈던 것입니다.[2] 마음을 끄는 중요하고 긴급한 다른 일이나 활동을 제쳐 두고 기도하기 위한 시간을 내어야 합니다.

우리는 믿음의 선택에 직면하게 됩니다. 진정한 만족과 영속적인 좋은 결과는 하나님께로부터 온다는 사실을 참으로 믿는다면 우리는 기도해야 합니다. 단순한 성실성이나 활동 또는 어떤 조직 그 자체가 영적인 결과들을 낳는 것이 아니며 하나님을 위한 지속적인 일은 오직 성령을 통해서만 이루어진다는 사실을 진실로 믿는다면 우리는 기도 시간을 기필코 내야 합니다.

기도는 의지하는 행위이며 종종 필사적인 행위이기도 하지만, 가장 고귀한 의미에서 그것은 믿음의 행위입니다. 그것은 하나님 없이는 아무것도 할 수 없으며 "여호와께서 집을 세우지 아니하시면 세우는 자의 수고가 헛되다"(시편 127:1)고 하신 그의 말씀을 우리가 믿는다는 것을 명확히 보여 주는 행위입니다.

기도는 참된 믿음의 주요 증거가 됩니다. 만약 하나님이 계시지 않는다면 기도는 시간의 낭비요 가장 무익한 행위이며 벽에다 대고 하는 독백이 될 것입니다. "하나님께 나아가는 자는 반드시 그가 계신 것과 또한 그가 자기를 찾는 자들에게 상 주시는 이심을 믿어야 할지니라"(히브리서 11:6). 기도로 우리는 하나님이 살아 계시며 우리에게 귀를 기울이시고 응답하신다는 우리의 확신을 나타냅니다. 이 것은 하나님을 기쁘시게 할 뿐 아니라 우리 믿음을 강하게 하며, 하나님을 더 잘 알고 그 능력을 체험할 수 있게 해줍니다. 기도는 우리가 투자하는 시간만큼 가치가 있습니다.

예수 그리스도께서는 우리들보다 더 많은 일거리를 안고 계셨습니다. 온 도시 사람들이 병 고침을 받기 위해 그가 계신 집으로 모여들고, 그가 탄 배를 따라 수많은 인파가 몰려다녔으며, 5,000명이 넘는 사람들이 그의 주위에

빽빽이 둘러앉아 하루 종일 말씀을 듣기도 했습니다. 복음을 전파하고 하나님의 일을 수행함으로써 하나님을 영화롭게 할 수 있는 황금의 기회였습니다.

그러나 종종 주님께서는 자신을 만나기 위해 운집한 군중들을 떠나셨습니다. 쉬거나 계획을 세우거나 무슨 일을 하기 위해서가 아니라 기도하기 위해서였습니다. 때로는 이를 위해 밤을 새우기도 하셨습니다.

성대한 부흥집회의 주 강사로 초빙되었지만, 며칠간 혼자 기도하기 위해 그 부흥집회 참석을 포기할 사람은 아마 별로 없을 것입니다. 그러나 그리스도께서는 자신의 우선순위를 아셨습니다. 하늘과 땅의 모든 권세를 가지신 주님께서는 충분한 기도 시간을 그의 공적인 사역만큼 중요하게 생각하셨습니다. 그래서 그는 **종종** 물러가 기도하셨던 것입니다. 그는 우리에게 기도 생활의 모본을 보여 주셨습니다.

> 예수의 소문이 더욱 퍼지매 허다한 무리가 말씀도 듣고 자기 병도 나음을 얻고자 하여 모여 오되, 예수는 물러가사 한적한 곳에서 기도하시니라… 이때에 예수께서 기도하시러 산으로 가사 밤이 맞도록 하나님께 기도하시고(누가복음 5:15-16, 6:12).

가족 중에 하나가 몹시 아프면 우리는 갑자기 기도하는 시간을 냅니다. 실망이나 상실 또는 실패에 직면할 때 기도할 시간을 냅니다. 돈이 몹시 필요할 때 우리는 기도합니다. 그렇지만 어떻게 하면 평소에 기도하는 시간을 낼 수 있겠습니까? 그것은 오직 하나님을 기쁘시게 하고 그의 축복들을 누리며 그의 나라를 확장시키는 데 있어서는 기도가 필수 불가결한 것이라는 견고한 확신을 통해서만 가능합니다. 우리 삶과 다른 사람들의 삶 속에 하나님의 능력을 공급해 주는 것은 우리 노력이나 은사가 아니라 기도라는 사실에 대한 확고부동한 신념이 필요합니다.

규칙적인 시간

일반적으로 기도 시간을 내려면 먼저, 여러 가지 하루 일과들이 하나님을 밀어내거나 우리가 너무 피곤하여 그와의 교제를 즐길 수 없게 되기 전에 매일 하나님과 만날 약속 시간을 계획해야 합니다. 주님과의 그 약속을 지킬 수 있느냐 하는 것은 그와의 시간을 꼭 가지겠다고 하는 확고한 결심의 존재 여부에 달려 있습니다. 기도에 우선순위를 두려면, 그 시간을 봉사나 교제 및 기타의 어떤 모임보다도 중요시해야 합니다. 이것은 훈련이 필요합니다. 아무리 바쁜 일과라도 대개 하루 15분 내지 20분가량의 시간은 낼 수 있습니다. 주님과의 교제가 깊어짐에 따라 우리는 그 시간을 늘려 갈 수 있게 됩니다.

영적으로 어린 그리스도인이었을 때 나는 하루 20분 이상 주님의 음성을 듣고 그와 이야기하는 시간을 보내기로 결심했습니다. 성숙해 가면서 나는 20분은 너무 짧다는 것을 알고 더 늘렸습니다. 그 이후 하나님에서는 말씀을 통해 내가 매일 한 시간을 드리되 반은 말씀에 반은 기도에 드리도록 인도해 주셨습니다. 그것은 나의 삶을 변화시키는 습관이 되었고, 나는 그것으로부터 더 많은 유익을 얻게 되었습니다.

눈코 뜰 새 없이 바쁜 생활 속에서도 "주님은 저의 삶에서 가장 중요한 분이십니다. 다른 일들이 아무리 급박하다 해도 결코 주님을 소홀히 여기지 않겠습니다"라는 태도를 가지고 살아가는 사람들을 하나님께서 찾고 계십니다. 이러한 믿음이 하나님을 영화롭게 하며, 하나님께서는 자기를 영화롭게 하는 사람들을 영화롭게 하십니다.

영적 책임들이 크면 클수록 그의 인도와 능력과 보호를 구하기 위하여 더 많은 시간을 하나님과 함께 보낼 필요가 있습니다. 기도는 시간을 요하지만, 우리의 효율을 높여 주므로 시간을 절감해 주기도 합니다. 그 배당액은 투자액을 훨씬 능가합니다.

최근에 캐나다에서 온 한 네비게이토 간사의 말에 따르면, 그의 선교 팀은 학생이 18,000명이나 되는 대학교에서 결신자나 그리스도께 관심을 보이는 사람들을 얻기가 매우 어려워 팀 멤버들과 함께 한 달에 두 번씩 모여 온종일 기도하는 시간을 가졌습니다. 그 결과에 대해 물었더니 그는 이렇게 대답했습니다. "한 달 전에 우리는 전도용 영화를 상영했습니다. 놀랍게도 2,000명이나 되는 학생들이 참석했습니다. 그 정도의 숫자라면 그 대학교에선 엄청난 규모입니다."

"그래서 어떻게 되었습니까?"

"굉장했습니다. 120명이 자신을 그리스도께 드리겠다는 결심을 나타냈고, 또 다른 260명 정도가 그리스도에 대해 좀 더 자세히 알고 싶다고 대답했습니다!"

나는 무척 감동을 받았습니다. "그 모든 사람들을 다 접촉할 수는 없었겠지만 만나 본 사람들로부터 어떤 결과를 얻었습니까?"

"아주 좋았습니다. 일부는 확실하게 그리스도를 믿었고, 나머지 사람들도 관심이 대단했습니다."

기도를 위한 시간을 낸 것이 그 큰 성과를 가져온 것이었습니다. 나는 전체 학생의 10%나 되는 수가 전도 집회에 참석했다는 말을 거의 들어 보지 못했습니다. 게다가 300명 이상이 이름을 적어 내고 그중 많은 사람이 분명하게 결신을 했다는 것은 놀라운 일입니다. 그 행사를 추진하고 준비를 한 것이 물론 도움이 되었습니다. 그러나 이는 성령께서 역사하신 것이며, 그런 효과를 거둘 수 있었던 주 요인은 바쁜 생활 가운데서도 한 달에 두 번 기도하는 날을 가진 데 있었습니다.

특별한 시간

아내와 나는 주님과만의 교제를 위해 추가로 특별한 시간을 내는 것이 또한 영적 촉진제가 되는 것을 알고 있습니다. 때로 한 시간, 어떤 때는 하루저녁, 한나절, 또는 그 이상의 시간을 갖습니다. 가능할 때는 마음이 산만해지는 것을 피하기 위해 집을 떠나기도 합니다. 우리가 즐겨 찾는 곳은 싱가포르 중심가 근처의 보타닉 공원입니다. 불과 몇 미터 밖 도로에는 많은 차들이 질주하고, 이따금 이국적 경치를 구경하러 관광객들이 지나다니긴 하지만, 전화 받을 필요가 없고 신경 써야 할 업무가 없는 이 자연 환경 속에서 우리는 그야말로 오붓한 시간을 즐깁니다.

먼저 우리는 함께 말씀을 읽고 기도하는 시간을 가지는데, 종종 특별한 기도 목록을 가지고 함께 기도하기도 합니다. 다음에는 대개 따로 떨어져, 말씀을 읽거나 기도나 찬양 및 묵상을 하면서 나머지 시간을 주님과 함께 보냅니다. 우리는 이 시간에 최근의 삶을 평가하고 그 다음 주 또는 다음 달의 계획을 세울 때가 많습니다. 풍성한 결과를 얻은 것으로 느껴질 때도 있고, 그렇지 못할 때도 있습니다. 그러나 우리는 믿음으로 이런 시간을 가지며, 그 당시의 느낌에 관계없이 그 기도의 결과가 나타나는 것을 봅니다.

주님의 일꾼으로서 아내와 나는 다른 사람들보다 더 많은 기도 시간을 가지고자 애쓰고 있습니다. 기도의 우선순위를 알고 있는 사람은 누구나 하나님과의 특별한 시간을 꼭 필요로 합니다. 이러한 시간을 가지려면 흔히 친구 방문이나 잡지 읽기, 특별 강연 듣기, TV 시청, 혹은 시간외 근무 등과 같이 하고 싶거나 중요한 활동을 못하게 마련입니다.

A. W. 토저는 기도하는 그리스도인이야말로 사탄 나라의 안정에 끊임없는 위협이 된다고 말했습니다. "하나님의 보좌 앞에 나아가는 그리스도인, 그는 이 세상의 위협적인 존재요 거룩한 반역자이다. 사탄은 결코 어느 방향에서 그

위험이 닥쳐올지 알지 못한다"[3]고 그는 썼습니다. 기도는 사탄의 일에 다른 무엇보다 큰 치명타를 가하기 때문에 그는 우리의 기도를 방해하기 위해 전력을 다합니다. 그는 특히 기도 시간을 내는 일에서 우리를 방해합니다. 그는 우리의 기도로 말미암아 자기가 치를 대가를 알고 있기 때문에 우리와 싸움을 벌이는 것입니다.

사탄의 방해 공작에도 불구하고, 기도할 시간을 내십시오. 다른 여러 활동보다 기도에 우선순위를 두겠다고 믿음으로 결심하십시오. 기도하고 난 뒤에는 기도하는 일 그 이상을 할 수 있지만, 기도하기 전에는 기도하는 일 이상을 할 수 없습니다.

가장 좋은 시간을 하나님께 드리십시오

매일 주님과의 교제 시간으로는 여러 활동이 시작되기 전인 아침 시간이 가장 좋은 것 같습니다. E. M. 바운즈는 이렇게 적고 있습니다.

> 이 세상에서 하나님을 위해 많은 일을 해온 사람들은 아침 일찍 하나님 앞에 그들의 무릎을 꿇었던 사람들입니다. 하나님과 함께 보내기에 가장 좋은 기회인 이 신선한 이른 아침 시간을 하나님을 찾기보다는 다른 것들을 추구하는 데 허비한다면, 그날 하루를 살아가면서 우리는 하나님을 찾는 일에 거의 아무런 진보도 보지 못할 것입니다.[4]

단지 아침에 일찍 일어나는 습관을 기르는 것은 별 의미가 없으며, 하나님께서 아침 시간에만 우리를 만나시는 것도 아닙니다. 그러나 오후나 저녁 시간은 예기치 않은 일들로 인해 계획한 경건의 시간이 밀려나기 쉬우며, 혹은 우리 심신이 너무 피곤해져서 주님과의 교제를 즐길 수 없게 됩니다. 하나님은 나의 삶에서 가장 중요하신 분이며 나의 하루 삶에서 첫째 우선순위를 차지하셔야 한다는 사실을 인식하는 것은 너무나도 중요합니다.

생활 속에서 하나님께 우선순위를 드리기 위한 한 가지 방법은 아침에 일찍 일어나 졸지 않고 하나님 아버지를 만날 수 있도록 충분히 일찍 잠자리에 드는 것입니다. 일찍 일어나는 훈련은 전날 밤부터 시작됩니다. 때로 나는 하나님과의 그 특별한 약속 시간을 위해, 유익하기는 하지만 부차적인 일들 곧 잡지를 읽거나 책상을 정리하거나 간식을 즐기는 것 등으로 밤 시간을 소비하는 것을 스스로 삼가야 합니다.

나는 아침에 성경을 읽거나 기도하다가 무릎을 꿇은 채 잠이 드는 수가 많습니다. 그런 식으로 자는 잠이나 그 뒤에 따르는 고통에 무슨 영적인 유익이 있을 리 없습니다. 누가 당신 어깨를 두드리며, 아침 식사가 다 준비되었다고 하거나 기도 시간이 끝났다고 알려 주는 것은 참으로 당혹스런 일입니다.

아침보다는 오후나 저녁에 정신이 더 맑고 신체적 기능이 활발한 사람도 있을 수 있습니다. 이런 사람에게는 아마도 오후나 저녁 시간이 경건의 시간을 갖기에 가장 적당할 것입니다. 어떤 시간이 자신에게 가장 좋은지 "각각 자기 마음에 확정하십시오"(로마서 14:5). 오후나 저녁에 하나님과 교제 시간을 가지는 사람은 아침에 적어도 5분 정도는 시간을 내어 자신과 그날 하루를 하나님께 맡기고 말씀의 진리에 마음을 고정시키도록 해야 합니다. 이것은 전날 저녁에 묵상한, 마음에 와 닿는 구절을 가지고 할 수도 있고, 몇 분 동안 성경을 읽으며 할 수도 있습니다. 싸움이 끝난 뒤가 아니라 시작되기 전에 하나님의 전신 갑주를 입어야 하는 것입니다.

창조적으로 하십시오

바쁘면 바쁠수록 하나님과의 교제 시간을 내는 데 더욱 지혜로워야 합니다. 내가 아는 사람 중에는 교외에서 통근하는 사람들이 있습니다. 그들은 아침 5시에 집을 나서면 저녁 늦게야 돌아옵니다. 그들은 차를 타는 긴 시간 동안 성경을 읽고 기도하며 암송한 구절을 복습하기도 하는데 심지어 만원 버스에 서 있을 때도 그렇게 합니다. 또는 점심시간에 틈을 내어서 성경을 읽고 기도하는 사람도 있습니다.

어린아이가 딸린 어머니들에게는 또 다른 문제가 있습니다. 아이들은 보통 아침 일찍 잠을 깨며 하루 종일 돌봐주지 않으면 안 되기 때문입니다. 어떤 어머니들은 아이들이 잠시 자는 동안 경건의 시간을 가집니다. 유명한 부흥사 빌리 그래함의 아내인 룻 그래함은 다섯 아이의 어머니인

데 그녀는 집안 곳곳에 여러 권의 성경을 펴 놓았습니다. 그녀는 잠시라도 주님과 교제할 수 있는 틈이 나면 가까이 있는 성경을 집어 들어 읽곤 하였습니다. 일을 하는 중에라도 하나님께 관심을 집중하는 데 도움을 얻기 위해서였습니다.

많은 어머니들에게는 작은 쪽지나 카드에 성경 구절을 적어서 부엌의 싱크대, 욕실의 거울, 또는 자주 드나드는 곳에 테이프로 붙여 두면 도움이 될 것입니다.

18세기의 위대한 기독교 지도자요 부흥사였던 요한 웨슬리의 어머니인 수잔나 웨슬리는 자녀가 무려 19명이나 되었습니다. 그녀는 기도하며 묵상하고 싶을 때는 흔들의자에 앉아 앞치마로 얼굴을 가리곤 했습니다. 그녀는 아이들이 이 하나님과의 조용한 교제 시간을 존중하도록 훈련시켰습니다.

이런 해결책들이 가장 이상적인 것은 아닐지도 모릅니다. 하지만, 그들은 창의력을 발휘하였고 그리스도를 위하여 시간을 내기 위한 시도를 했던 것입니다. G. 캠벨 모건은 비록 짧더라도 경건의 시간을 가지는 것이 귀중함을 다음과 같이 강조하고 있습니다.

5분간의 주님과의 교제일지라도 그 시간에 영원한 능력에 접하게 된다면 영적 활력으로 충만한 하루를 보낼 수 있습니다. 참으로 5분밖에 시간을 낼 수 없는 사람이라면 이 짧은 5분 동안에도 하나님께서는 많은 일을 하실 수 있습니다. 60분을 드릴 수 있는데도 게을러서 5분

만 드리는 사람을 위해서는 하나님께서는 5분 동안에 아무것도 하실 수가 없습니다.[5]

우리는 주님을 위하여 떼어 놓은 시간을 철저히 지키고 그것을 잘 활용해야 합니다. 당신이 드릴 수 있는 가장 좋은 시간을 하나님께 드리십시오. 한마음으로 그를 사랑하고 그에게 순종하며, 다른 사람들에게 그에 관하여 이야기하십시오. 제임스 길모어가 그의 독자들에게 상기시킨 바와 같이 하나님께서 당신의 기도에 응답하시려고 기다리고 계신다는 사실을 항상 기억하십시오.

지금은 옛날에 있었던 그런 기적들이 일어날 수 없단 말입니까?… 오, 그 하나님께서 주님께 대한 좀 더 실제적인 믿음을 내게 주신다면! 엘리야의 하나님 여호와께서는 지금 어디 계십니까? 그는 지금 자기에게 부르짖는 엘리야를 기다리고 계십니다.[6]

개인 적용

다음 질문을 따라, 당신의 시간 계획 또는 주님과의 시간에 있어서 고쳐야 할 것이 있는지 하나님께 여쭈어 보십시오.

1. 주님, 저의 경건의 시간과 관련하여 바꾸길 원하시는 게 있습니까?

2. 이번 주에 기도를 위한 특별한 시간을 계획해야 할까요?

3. 하루 중 제가 기도 시간으로 쓸 수 있는 조각 시간들이 있습니까?

주:

1. *Kneeling We Triumph*, compiled by Edwin and Lillian Harvey (Moody Press, 1971), pages 34-35.
2. S. D. Gordon, *Quiet Talks on Prayer* (Grosset and Dunlap, 1904), page 12.
3. A. W. Tozer, *That Incredible Christian* (Christian Publications, Inc., 1964), page 71.
4. E. M. Bounds, *Power Through Prayer* (Zondervan Publishing House, n.d.), page 42.
5. G. Campbell Morgan, *The Practice of Prayer* (Fleming H. Revell Company, 1960), page 111.
6. James Gilmour, as quoted by E. M. Bounds in *Purpose in Prayer* (Moody Press, n.d.), page 5.

16

언제 어디서나 기도하라

어찌하여 오랫동안 멀리 떨어져 있는 어느 사람의 생각이
떠올라 잊혀지지 않는지, 내가 기도해야만 할 필요
때문이 아니라면, 나는 그 이유를 말할 수 없노라.
아마도 바로 그때 내 친구가 무서운 싸움을 하는지,
말할 수 없이 연약한 가운데 있는지, 용기를 잃고 있는지,
암흑 중에 다니는지, 의의 길에서 떠나 있는지 모른다.
그래서 그가 나의 기도를 필요로 하는 처지라면,
나는 기도하겠노라.

-조나단 고포스 부인

종종 우리 마음에는 오래 전의 일들이 생각나곤 합니다. 학창 시절 절친했던 친구들, 삶의 변화를 가져온 수양회, 또는 두고두고 후회되는 어떤 실수나 태도 등. 오늘을 살다 보면, 어떤 사람이나 장소, 상황, 꿈 등이 과거의 사건과 인물들에 대한 기억을 떠오르게 합니다. 잊고 지내던 어떤 사람이 불현듯 생각나기도 합니다. 하나님께서는 이런 생각들을 어떻게 활용하길 원하실까요?

고포스 부인의 시는, 오랫동안 보지 못했는데도 머릿속에 문득 떠오르는 친구들이나 아는 사람들을 위해 기도하도록 내 마음을 움직입니다. 그들이 아직 살아 있을까? 그리스도는 믿게 되었을까? 승리하는 삶을 살고 있을까? 그들에게 무슨 특별한 필요가 있는 건 아닐까? 그들이 아직

살아 있다고 여기며 나는 그들의 구원이나 영적인 삶의 발전을 위해 간단히 기도합니다. 순간적으로 떠오른 생각은 쉽게 잊혀지므로 나는 바로 그 자리에서 기도합니다.

언제 어디서나 하는 짧고 간결한 기도는 성서적인 것이며 아주 유용하기도 합니다. 느헤미야는 그런 기도를 하는 데 숙달되어 있었습니다. 바사(페르시아) 왕국 아닥사스다 왕의 술 관원으로 있을 때, 그는 예루살렘 성이 훼파되고 성문들은 불타 버렸다는 슬픈 소식을 들었습니다. 얼마 후 아닥사스다 왕이 그에게 예루살렘에 대해 원하는 바가 무엇인지 느닷없이 물었을 때, 그는 재빨리 "하늘의 하나님께 묵도하고"(느헤미야 2:4) 왕에게 대답했습니다. 그 후 적들이 예루살렘 성을 재건하지 못하게 하려고 느헤미야와 그 백성들을 위협할 때도 그는 "이제, 내 손을 힘 있게 하옵소서"(느헤미야 6:9) 하고 황급히 기도했습니다. 그는 또한 짧은 기도로 그의 책을 마무리 지었습니다. "내 하나님이여, 나를 기억하사 복을 주옵소서"(느헤미야 13:31).

당신의 전용 회선을 사용하십시오

하나님께서는 결코 우리가 계획된 시간에만 자기에게 나아오도록 제한하시지 않습니다. 하루 24시간, 아무 때라도 필요하기만 하면 우리는 담대하게 자신의 연약함에 대해 하나님의 자비를 구하며 적절한 도움을 요청할 수 있습니다(히브리서 4:16 참조). 우리 모두는 중계가 필요 없이 직통으로 하나님께 연결되는 각자의 전용 회선을 가지고 있습니다. 통화 중이라 기다려야 하는 경우도 없고, 우리가 하나님의 시간을 독점하여 다른 사람이 통화를 하지 못할까 봐 염려할 필요도 없습니다. 이 전용 회선은 우주의 왕좌가 있는 방과 우리를 연결시켜 주는 놀라운 특권이요 축복인 것입니다.

네비게이토 선교회 회장의 보좌역을 맡고 있는 리로이 아임스는 그가 비행기에서 만난 한 부인에 대한 이야기를 들려주었습니다. 자기와 같은 도시에 살고 있으며 리로이가 네비게이토 선교회에서 일하고 있다는 것을 안 그녀는 이렇게 물었습니다. "혹시 …라는 분을 알고 계시는지요?"

"네, 잘 압니다."

"그렇다면 저를 좀 도와주세요. 몇 주 전에 그 사람을 만났는데 그는 나에게 예수님을 믿으라고 권하더군요. 저는 관심도 없었고 그의 말을 한쪽으로 듣고 한쪽으로 흘렸어요. 그런데 그는 내가 그리스도를 믿을 때까지 하나님이 저를 겸손하게 만들어 주시도록 기도하겠다는 거예요. 그 일이 있은 후 나에게 일어난 이러저런 일들로 마음고생이 많아 어떻게 해야 좋을지 모르겠어요. 제 부탁 좀 들어주세요. 그 사람의 기도를 취소시켜 주시도록 하나님께 기도해 주시겠어요?"

"아, 안 됩니다. 부인, 저는 그럴 능력이 없습니다. 다른 모든 그리스도인들처럼 그는 하늘나라에 직통으로 연결되는 그의 전용 회선을 가지고 있습니다. 저는 그의 통화에 끼어들거나 그의 요청을 취소시킬 방도가 없습니다. 사실 그가 기도하는 것은 당신이 곤경에 처하는 것이 아니라 당신이 그리스도와 교제하는 즐거움을 누리게 되는 것입니다."

주님께서 동기를 주실 때마다 우리는 자신이나 다른 사람들을 위해 부지런히 그 전용선을 사용해야 합니다. 그는 우리와 관련된 모든 것에 관심을 가지고 계십니다. 어떤 식으로든 우리 마음을 사로잡거나 우리 감정을 움직이는 것이 있으면 우리는 그것에 대하여 기도해야 합니다. 근심, 나약함, 좌절 및 실망 등에 대한 해결책은 모든 것에 대해 기도하는 것입니다.

하루 생활 중 마음에 떠오르는 것에 대해 기도하는 법을 익히게 되면 데살로니가전서 5:17의 말씀대로 쉬지 않고 기도하는 습관을 기르는 데 도움이 됩니다. 때로 단 몇 초 동안 하는 기도도 있을 수 있습니다. 어떤 때는 짧은 간구로 시작하여 주님의 인도하심에 따라 다른 여러 가지 것들에 대해 기도할 수도 있습니다.

우리는 언제 어디서 어떤 자세로도, 무릎을 꿇거나, 앉거나, 서거나, 걷거나 혹은 달리면서도 기도할 수 있습니다. 아침에 달리면서 하는 기도가 내게는 특히 많은 유익을 줍니다.

하루 중 간단한 기도를 할 수 있었던 순간들을 생각해 보십시오. 예를 들면, 줄을 서서 차례를 기다릴 때나 강의실을 옮길 때, 엘리베이터를 탈 때, 혹은 약속 시간을 기다릴 때 등입니다. 또 어떤 경우에는 항상 기도를 하기로 결심하십시오. 이를테면, 집을 나설 때나, 새로운 일을 시작할 때, 편지를 부칠 때, 혹은 설거지를 할 때는 언제나 기도하기로 할 수 있습니다.

아내와 나는 기도할 수 있는 시간들이 많다는 것을 발견합니다. 바삐 움직이는 가운데서 기도하기도 합니다. 식사 후 식탁을 정리하면서 식당에서 기도하기도 하고, 혹은 세면장에서 아내는 머리를 빗고 나는 면도를 하는 동안 기도하기도 합니다. 종종 버스나 비행기로 여행하거나 자동차를 운전하면서도 우리는 기도합니다.

믿은 지 얼마 안 된 케냐의 어떤 신자는 기도란 언제나 머리를 숙이고 눈을 감은 채로 하는 것이라는 생각을 가지고 있었습니다. 어느 날 지프를 운전하고 가는데 그의 친구가 같이 기도하자고 했습니다. 그의 차는 결국 풀밭으로 뛰어들고 말았습니다. 나는 대개 눈을 감고 기도하지만 운전할 때는 예외로 하고 있습니다.

장거리 여행을 할 때 아내와 나는 종종 안전과 올바른 결정을 위한 기도로부터 시작하여 우리 가족, 동역자들 및 친구들을 위해서도 기도합니다. 때로 함께 기도하다 보면 서로 유익한 의사소통을 하게 되기도 합니다. 어떤 때는 교통편에 대해 기도합니다. 목적지에 도착하자마자 우리는 우리의 많은 기도가 얼마나 만족스러운 결과를 가져왔는지 깨닫고 놀라움을 금치 못할 때가 많습니다.

여행이 끝날 때까지도 기도하기를 잊고 있는 때가 있습니다. 목적지에 도착하기 불과 몇 분 전에 기도할 생각이 나지만 중요한 것들을 말씀드릴 시간이 거의 없습니다. 그리하여 우리는 '출발과 더불어 시작하는 기도'의 습관이 더 만족스럽고 좋은 결과를 가져온다는 것을 알았습니다.

이제 잠시 멈추어 그런 특별한 일들이 당신에게 기도할 마음을 불러일으키게 해주시도록 하나님께 기도하십시오. 바빠 움직일 때도 기도할 마음을 주시도록 하나님께 구하십시오.

쏜살같은 기도도 효과가 있다

성경에 있는 가장 짧은 기도의 하나는 "주여, 나를 구원하소서"라는 세 마디로 된 필사적인 부르짖음입니다. 베드로는 문득 사람이 물 위로 걷는 것은 전혀 불가능한 일이라는 생각을 하게 되었습니다. 그의 믿음은 흔들리고 그는 가라앉기 시작했습니다. 그런 순간에는, 모든 형식이 제대로 갖추어진 소위 "정식 기도"란 바람직하지 못했습니다. 세 마디의 쏜살같은 기도로 충분했습니다. 그리스도께서는 즉시 손을 내밀어 가라앉는 그의 제자를 건져 주신 것입니다(마태복음 14:28-31 참조).

우리에게도 과녁을 향해 화살을 쏘듯이, 긴박한 도움이나 인도 또는 보호를 위하여 하나님께 황급하게 기도한 경험들이 있습니다.

인도에서 있었던 일입니다. 하루는 비가 쏟아지기 시작할 때 봄베이의 산타크루즈 공항으로 택시를 타고 달려가고 있었습니다. 커브 길의 바닥에 널려 있던 기름 때문에 택시가 갑자기 정류장에서 버스를 기다리는 사람들을 향해 미끄러지기 시작했습니다. 베드로처럼, 내게는 "주님, 도와주십시오!"라고 기도할 시간밖에 없었습니다. 기적적으로 택시는 멈추는 듯하더니, 다시 반대 방향으로 미끄러져 콘크리트 벽을 들이받으려 했습니다. 내 입에서는 다시 "주님, 도와주십시오! 도와주십시오!"라는 말이 절로 튀어나왔습니다. 마침내 가까스로 택시는 멈추어 섰습니다. 아내와 나는 하나님께서 우리를 보호해 주시고 신속하게 응답해 주신 데 대해 감사하며 찬양했습니다.

쏜살같은 기도가 모두 황급한 상황에서 도움을 구하기 위한 것만은 아닙니다. 어느 날 저녁 나의 아내는 저녁 식사 준비를 하다가 딸 도린의 블라우스가 충분하지 못한 관계로 세탁과 다림질을 너무 자주 해야 한다는 생각이 들었습니다. 아내는 그 자리에서 그 생각을 격의 없이 하나님께 말씀드렸습니다. "하나님, 도린에게 블라우스가 부족합니다. 현재 있는 것으로도 되긴 하지만 몇 개 더 있었으면 좋겠습니다." 이틀 후 초인종이 울려서 나가 보니 집배원이 다른 주에 있는 어떤 교회로부터 온 소포 꾸러미를 들고 서 있었습니다. 그 소포는 아내가 기도하기 며칠 전에 발송한 것이었는데, 풀어 보니 도린에게 맞는 블라우스 몇 벌뿐 아니라 아들 브라이언에게 맞는 바지 두 벌도 들어 있었습니다. 기도하지는 않았지만 그 바지도 무척 필요한 것이었습니다. "그들이 부르기 전에 내가 응답하겠고 그들이 말을 마치기 전에 내가 들을 것이며"라는 이사야 65:24의 하나님 말씀 그대로였습니다.

프랭크 로바크는 쏜살같은 기도가 끊임없이 하나님의 인도하심에 마음의 다이얼을 맞추게 해주는 것을 발견했습니다. 그는 이렇게 썼습니다.

하루 내내, 우리가 해야 할 여러 일들 사이에는 마음속으로 "다음에는 뭘 하나?" 하고 물어 보는 순간들이 있습니다. 이러한 순간마다 주님께 물어 보십시오. "주님, 제 마음속에 주님의 생각들을 심어 주십시오. 주님의 생각에 제가 지금 해야 할 일은 무엇입니까?"

우리가 그리스도께 "다음에는 무엇을 할까요?"라고 물을 때, 우리는 그에게 다이얼을 맞추어, 우리의 창의력에 불을 붙임으로써 그의 생각들을 부어 주실 기회를 그에게 드리는 것입니다. 지속적으로 해나가면 그것은 습관화됩니다. 약간의 노력이 따르긴 하지만, 그것은 우리가 치른 대가를 수만 배로 갚아 줍니다.[1]

다른 사람들, 심지어 낯선 사람들을 위한 중보 기도를 할 때도 쏜살같은 기도를 활용할 수 있습니다. 나는 거리에서 지나치는 사람이나 버스에서 만나는 사람들을 위해 그가 그리스도를 알게 되거나 그의 특별한 필요가 채워지도록 기도하게끔 주님께서 나의 마음을 움직여 주시는 것을 자주 경험합니다. 그런 기도에 어떻게 구체적으로 응답하셨는지 우리는 거의 알지 못하지만, 하나님께서는 그런 기도도 들으십니다.

나의 대학 친구요 캘리포니아 대학교의 응원단장이었던 버질이 주님을 믿게 되었습니다. 전에 대학생 군사훈련 등록자들에게 제복을 나누어 준 일이 있는 베티 아주머니는 그가 예수님을 믿게 되었다는 소식을 들었습니다. 그녀는 매우 신이 나서, 몇 달 전 버질과 다른 학생들이 제복을 받아 갈 때, 어떻게 주님께서 자기로 하여금 버질을 위해 특별히 기도하도록 마음을 움직여 주셨는지 이야기해 주었습니다. 그녀는 "주님, 이 젊은이를 구원해 주십시오" 하고 기도만 하고 더 이상의 생각은 하지 않았었습니다. 아마도 그녀의 쏜살같은 기도는 버질을 그리스도께로 인도한 수많은 기도 가운데 하나에 불과하겠지만, 그 기도는 그 일익을 담당한 것입니다.

한 사람을 주님께 돌아오게 하는 영향력의 사슬에는 많은 연결 고리가 있습니다. 어떤 때는 우리가 증거하거나 기도한 것이 그 첫 번째 고리가 되기도 합니다. 많은 경우, 우리는 드러나지 않는 중간 고리가 됩니다. 때때로 주님께서는 우리로 그 마지막 고리가 되게 하셔서, 한 사람이 그리스도를 믿는 결단을 내리도록 도와주게도 하십니다. 그렇지만 얼마나 많은 쏜살같은 기도가 그 사슬을 형성하고 있는지 아무도 모릅니다.

우리가 기도하도록 이렇게도 하나님께서 격려하시는데, 왜 우리는 그토록 많은 기회를 소홀히 하고 있을까요? 언젠가 우리가 주님을 만나 "하지만, 주님, 제가 만약 이처럼 사소하고 가벼운 모든 기도에 주님께서 응답해 주실 것을 진작 알았더라면, 더 많이 기도했을 겁니다!" 하며 후회할지도 모릅니다.

하나님과 함께하는 삶을 발전시킴

언제 어디서나 하는 기도에는 단지 간청하는 기도만 있는 것이 아닙니다. 여기에는 우리가 범죄한 것을 깨닫는 즉시 자백하는 것도 포함됩니다. 자백 기도는 우리와 하나님과의 교제를 온전하게 유지해 줍니다. 하나님께서 주시는 축복들과 우리 삶 속에 허락하시는 일들에 대해 그를 찬양하고 감사하는 것도 이에 포함됩니다. "범사에 감사하라. 이는 그리스도 예수 안에서 너희를 향하신 하나님의 뜻이니라"(데살로니가전서 5:18).

즐거운 일이든 괴로운 일이든, 걱정거리든 해결책이든, 그날의 크고 작은 모든 일들에 대해 감사하는 습관을 기를 때 우리는 평안을 누립니다. 이 일에 실패할 때 나는 번번이 불평하며 짜증을 부리기도 합니다.

끊임없이 기도한다는 것은 날마다 하나님과 생각을 나누는 것을 포함합니다. 어떤 일에 대해 깊이 생각할 때, 우리는 절친한 친구처럼 하나님을 우리 생각 속에 초청하여 그 문제에 대해 대화할 수 있습니다. 브라더 로렌스는 기도가 중요하다고 느끼느냐는 질문에, "끊임없이 하나님과 대화함으로써, 우리는 하나님께서 우리와 함께하신다는 의식을 우리 속에 심게 됩니다"라고 대답했습니다.

당신의 즐거움 속에 하나님을 초청하십시오. "주님, 저건 정말 멋진 광경이군요!" "아버지, 저 애는 참 사랑스러워요." "주님, 그 일을 끝내고 나니 아주 기쁩니다. 도와주셔서 감사합니다."

또한 당신의 의심과 실패 속으로도 하나님을 초청하십시오. 이것들에 대하여 주님과 상의하며, 도우심과 인도를 구하며, 모든 것이 합력하여 선을 이루게 해주시겠다고 약속하신 것에 대해 감사하십시오. "주님, 이번 일은 망쳤습니다. 주님께서는 이것도 선하게 사용하실 수 있으니 감사합니다. 지금 제가 해야 할 일은 무엇입니까?"

순간순간 기도함으로써 계속적으로 하나님 안에 우리의 확신을 둘 수 있습니다. 의식적으로 하나님을 의지하는 것은 무의식적으로 우리 자신을 의지하지 않게 해줍니다. 하나님을 의지하기 위해 우리 마음을 하나님께 집중하는 것이, 우리가 "너무나 경건해져서 땅에서는 불행해지는 것"을 의미하지는 않습니다. 아내와 나는 하나님을 우리의 생각과 활동 속에 모셔 들이는 것이 이 땅에서의 우리의 능률과 삶의 즐거움과 마음의 평화를 크게 증진시켜 주는 것을 알게 되었습니다.

하루 종일 우리 마음은 생각의 흐름으로 차 있습니다. 이 생각들은 유익한 것(계획, 공부, 대화에서의 집중 등), 무익한 것(공상, 잡념 등), 해로운 것(근심, 불평, 정욕적인 생각 등) 사이를 왔다갔다합니다. 하나님께서는 우리가 이 생각의 자연스런 흐름의 방향을 재조정하길 원하시며, 또 이미 우리에게 주신 성령으로 말미암아 우리 마음을 새롭게 하고 위엣 것들에 마음을 집중할 수 있도록 도와주십니다(골로새서 3:2 참조). 그의 능력을 통하여 우리는 더욱 꾸준히 하나님의 말씀을 묵상하고 기도할 수 있습니다.

이 새로운 생각의 흐름을 통해 우리는 깨어 있는 시간 내내 하나님의 말씀을 듣기도 하고 우리 생각을 말씀드리기도 하는 등 하나님과 즐거운 교제를 나눌 수 있습니다. 그렇게 될 때 비로소 우리는 이따금씩 하는 기도의 행위와 정기적인 기도의 습관을 뛰어넘어 기도의 **생활**을 하게 됩니다. 기도가 생활이 되면 우리 생각은 하나님을 향하게 됩니다. 프랭크 로바크는 "우리는 새로운 사고 방법을 습득할 필요가 있습니다. 사고란 자신의 '내적 자아'에게 이야기하는 과정입니다. 당신 자신에게 이야기하지 말고 보이지 않는 그리스도께 이야기하십시오"[2]라고 말했습니다.

우리는 매 순간 의식적으로 하나님을 생각할 수는 없어도, 정신을 집중해야 하는 복잡한 과제나 해결 곤란한 문제들을 포함한 모든 일에 하나님을 맞아들일 수는 있습니다. 그리고 성령께서 우리 마음을 다스리고 가꾸어 주심에 따라, 마치 짐이 올려져 있지 않으면 자동적으로 위를 가리키는 저울 바늘과 같이 우리 마음은 무의식적으로 하나님을 향하게 됩니다.

실제적인 도움이 되는 것들

하루아침에 지속적인 기도의 습관이 길러지는 것은 아닙니다. 쉬지 않고 기도하겠다는 결심만으로 갑자기 그렇게 되는 것이 아닙니다. 우리 모두 이 영역에서 성장이 필요합니다.

하나님과 계속적으로 대화하는 데 도움이 되는 것 가운데 하나는 하나님의 말씀을 암송하는 것입니다. 우리 눈을 주님께 돌리게 해주거나 순종하도록 동기를 주는 구절들을 암송하고 묵상함으로써 그 구절들을 우리 것으로 만들 수 있습니다. 그러면 그것들은 우리 마음속에 장치된 스피

커의 역할을 하게 되고, 하나님께서는 그 스피커를 통하여 매일의 삶 가운데서 특별한 방법으로 우리에게 말씀하실 수 있게 됩니다. 그 결과, 우리는 그 구절들의 의미와 그 적용에 대하여 좀 더 하나님께 말씀드릴 수 있으며 우리 자신과 다른 사람들을 위해 기도할 때 그 구절들을 사용할 수 있습니다. 우리 마음에 간직한 하나님의 말씀은 우리가 하나님과 이야기하는 것뿐만 아니라 그가 하시는 말씀을 듣는 것도 도와줍니다.

또 한 가지 도움이 되는 것은 간단한 기도문을 만드는 것인데, 이 기도문은 현 시점을 위한 특별한 쏜살같은 기도로 사용되며, 우리 마음을 하나님께로 돌리기 위하여 두고 두고 사용할 수 있습니다. 그 예를 들면 다음과 같습니다.

주님께서는 저의 생명이시요, 또 주님께서 저의 모든 환경을 주관하고 계시니, 이제 제가 기쁨과 확신 가운데 살겠습니다.

제게 내적인 힘을 불어넣어 주시는 그리스도를 통하여 제가 모든 것을 할 수 있습니다.

전능하신 주 하나님, 주님은 그 지으신 세계와 저를 다스리십니다. 할렐루야!

기도문을 만들어서 그것을 활용하여 하나님에 대한 당신의 확신을 견고히 하고 그와의 교제를 더욱 깊게 하십시오. 언제 어디서나 기도함으로써 우리는 하나님을 우리와 늘 함께하시는 친구로 삼게 됩니다. 기도가 하루의 시작과 마무리가 되어야 하며, 또 매 순간순간의 호흡이 되어야 합니다.

개인 적용

1. 일상 활동 가운데 내게 기도하도록 상기시켜 줄 수 있는 것은 무엇인가?

2. 지속적인 기도의 습관을 기르기 위하여 이 장에 있는 제안들 중에서 내가 시작해 볼 수 있는 것은 무엇인가?

주:

1. Frank Laubach, as quoted in *Kneeling We Triumph,* compiled by Edwin and Lillian Harvey (Moody Press, 1971), page 74.
2. Laubach.

17

끈기 있게 구하라

> 응답이 올 때까지 결코 포기하지 않는 것이 중요합니다.
> 나는 오랜 친구의 두 아들을 위하여 52년 동안 매일
> 기도해 왔습니다. 그들은 아직도 주님께로 돌아오지
> 않았지만 언젠가는 돌아오게 될 것입니다!…
> 하나님의 자녀들의 큰 잘못은 꾸준히 기도하지 않는
> 것입니다. 그들은 기도하기를 계속하지 않습니다.
> 그들은 인내하지 않는 것입니다. 하나님의 영광을 위하여
> 어떤 것을 갈망한다면 그것을 얻을 때까지 기도해야 합니다.
> - 조지 뮐러

5장-9장에서 우리는 누가복음 11장에 나오는 기도에 관한 그리스도의 세 가르침 가운데 첫째 것을 공부한 바 있습니다. 그 기도는 예수님이 그의 제자들에게 가르치신 것으로 오늘날 우리가 따라야 할 본이 되고 있습니다. 기도에 관한 그리스도의 위대한 가르침 가운데 두 번째 것은 강청 즉 끈기 있게 구하는 것을 강조하고 있습니다. 강청한다는 말은 "부끄러움이 없다" 혹은 "수치를 무릅쓰고 매달린다"는 의미를 내포하고 있습니다. 그것은 우리가 원하는 것을 불손하게 요구하는 것이 아니라, 담대한 확신으로 거듭하여 구하는 것을 의미합니다. 이것은 여러 날 또는 여러 해 동안 기도하는 것을 뜻할 수도 있습니다. 예수 그리스도께서는 이에 대해 비유를 들어 설명해 주셨습니다.

또 이르시되, 너희 중에 누가 벗이 있는데 밤중에 그에게 가서 말하기를, "벗이여, 떡 세 덩이를 내게 빌리라. 내 벗이 여행 중에 내게 왔으나 내가 먹일 것이 없노라" 하면 안에서 대답하여 이르되, "나를 괴롭게 하지 말라. 문이 이미 닫혔고 아이들이 나와 함께 침소에 누웠으니 일어나 네게 줄 수가 없노라" 하겠느냐? 내가 너희에게 말하노니 비록 벗 됨을 인하여서는 일어나 주지 아니할지라도 그 강청함을 인하여 일어나 그 소용대로 주리라 (누가복음 11:5-8).

오늘날에도 친구가 한밤중에 찾아와 문을 두드리면 받아 주어야 하지만 고대 이스라엘 지방에서는 더 큰 환대를 베풀어 주어야 했습니다. 하지만 가족들도 생각해 주어야 했습니다. 방 하나가 침실, 응접실, 작업실로 쓰이고, 또 주방 역할까지 담당했습니다. 아마도 부모와 아이들은 바닥에 요를 깔고 잤을 것입니다. 앞문은 잠그고 빗장을 걸어 놓았기 때문에 한밤중에 문을 열자면 가족 전체의 잠을 깨우게 될 것입니다. 그래서 찾아온 친구에게 아마도 졸리는 목소리로 이렇게 대답했을 것입니다. "난 지금 잠자리에 들었네. 아내와 아이들도 잠자리에 들었고. 우린 지금 모두 자려는 참이야! 내일 오게나!"

친구의 반응을 상상해 볼 수 있습니다. 그의 반응은 밉살스러운 게 아니었습니다. 그는 화를 내며 욕설을 내뱉거나 문을 발로 차지 않았습니다. 본문 말씀은 그가 계속해서 문을 두드리기만 하고 있었던 것을 암시하고 있습니다. 아마도 아내가 뒤척이면서 물었을 것입니다. "무슨 일이에요?" 아이들도 칭얼거리기 시작했습니다. 옆집 사람들이 술렁거리기 시작하더니 앞집에서도 술렁거리기 시작했습니다.

가족은 물론 이웃집과의 관계에도 문제가 야기될 것 같은 생각이 들자 집주인은 투덜대며 말했습니다. "이 친구야, 잠깐만 기다려, 잠깐만." 그리고는 가족들 사이를 기어나가 빗장을 열어 친구를 맞았습니다. 졸리는 가운데서도 다른 사람의 손발이나 얼굴을 밟지 않으려고 애쓰면서 그는 찬장 쪽으로 다가갔습니다. 빵 덩어리를 가지고 다시 문으로 와서 말했습니다. "우리가 가진 건 이게 전부야. 이걸 가져가게. 남는 것은 오늘 밤 또 자네를 찾아올지도 모를 다른 친구들에게 주게. 잘 가게나." 그리고 그는 문을 닫고 다시 잠자리에 들었습니다.

9절과 10절에서 그리스도께서는 이 비유의 적용에 대해 말씀하고 계십니다.

내가 또 너희에게 이르노니, 구하고 **계속 구하라**, 그러면 너희에게 주실 것이요, 찾고 **계속 찾으라**, 그러면 찾을 것이요, 문을 두드리고 **계속 두드리라**, 그러면 너희에게 열릴 것이니, 구하고 **계속 구하는** 이마다 받을 것이요, 찾고 **계속 찾는** 이가 찾을 것이요, 두드리고 **계속 두드리는** 이에게 열릴 것이니라. (Amplified Bible)

강청하는 기도란 하나님께서 싫어하시는 것을 막무가내

로 우기거나 하나님께서 항복하실 때까지 붙들고 늘어지는 것을 의미하지는 않습니다. 어떤 것이 하나님의 뜻이라 생각되면, 응답이 지체되더라도 포기하지 않고 하나님께서 분명히 들어주실 것을 확신하는 가운데 끝까지 구하는 것을 의미합니다.

강청하는 기도의 필요성

나는 왜 한 가지 내용을 두 번, 열 번, 혹은 백 번이라도 말씀드려야 하는지 의아해하곤 했습니다. 한 번으로 충분하지 않은가? 우리는 또한 "왜 하나님께 한 번이라도 구해야 하나? 그는 우리가 이야기하기 전에도 우리 필요를 아시는데 도대체 기도는 왜 하는가?" 하고 생각할 수도 있습니다. 우리는 그 모든 이유를 이해해서가 아니라 예수 그리스도께서 그런 식으로 기도하라고 가르치셨기 때문에 구하고 또 강청하는 것입니다.

"믿음이 있으면 하나님께 단 한 번만 구하면 된다"라는 말을 나는 들어 왔습니다. 사실상 응답은 종종 속히 옵니다. 때로는 즉각적으로 응답이 오지 않아도 성령께서 하실 일에 대해 그를 찬양하기만 하면 되는 경우도 있습니다.

그럼에도 불구하고 예수님께서는 끈기 있게 기도하라고 가르쳐 주셨습니다. 계속적인 간구나 찬양을 통하여, 응답이 올 때까지 우리의 여러 가지 요청 사항에 대하여 날마다, 주마다, 해마다 끊임없이 하나님께 상기시켜 드려야 합니다. 성경 말씀과 역사상 위대한 기도의 사람들은 모두 그러한 강청의 중요성을 강조하였습니다.

　하나님께서는 왜 기도, 흔히 강청하는 기도를 그의 은혜를 받는 필요조건으로 제시하셨을까요? 하나님께서 우리를 축복하시고 싶은 마음이 더 들도록 해드려야 하기 때문입니까? 아닙니다. 하나님께서는 우리에게 좋은 것들을 주시길 간절히 원하십니다. 그러나 그는 그 이상의 것을 갈망하십니다. 그는 우리와 친밀한 교제의 관계 즉 마음과 뜻을 함께 나누며 서로를 사랑하고 간절히 찾는 관계를 맺기 원하십니다. 이 관계의 특징은 어린아이처럼 의지하고 감사하는 마음입니다. 그리고 그는 우리가 구하는 그 어떤 것들보다도 더 무한한 가치가 있는 것, 곧 우리가 개인적으로 하나님 자신을 더욱 풍성히 경험하는 것으로 채워 주시길 원하십니다.

　만약 주님께서 우리가 구하지 않아도, 혹은 단 한 번만 구해도 우리 모든 필요를 자동적으로 채워 주신다면 우리 대부분은 이처럼 의지하고 교제하는 삶의 더 깊은 축복들을 맛보지 못하게 될 것입니다. 하나님께서는 이 점을 미리 내다보시고 그에 따른 계획을 세우신 것입니다. 그는 기도를 선택적 장식품이 아니라 그의 축복을 받는 처방전으로 삼으셨습니다. 우리에게 필요한 것들과 우리의 바라는 것들이 우리로 하여금 그를 소홀히 여기기보다는 더 가까이 나아가도록 독려해 주는 것입니다. 그리하여 우리는 기도하고 기다리며 계속 기도하는 동안, 마침내 하나님의 응답을 받고 그의 함께하심과 그의 선하심을 더 깊이 경험하게 됩니다.

강청하는 기도가 하나님의 뜻을 변화시키지는 않습니다. 그것은 종종 그의 뜻을 이루시는 그의 방법이며, 그것은 또한 우리를 변화시켜 줍니다. 끈기 있게 구하여 받는 응답들은 우리의 영적 성장을 도와줍니다. 지체되는 응답은 우리를 거듭해서 하나님께 나아가도록 이끌어 주며, 가장 적절한 때에 가장 좋은 방법으로 응답해 주시는 그분의 신실하심을 경험하게 해주어 우리로 하여금 더욱 하나님을 의뢰하게 해줍니다. 또한 지체되는 응답은 인내심을 기르고 인격을 연단하며 조급한 마음을 변화시키도록 도와줍니다. 특히, 응답이 오래 지연되면 우리의 인내는 바닥을 드러내고 하나님을 의심하며 그의 방법과 시기에 대해 불평하게 되기도 합니다. 리처드 핼버슨은 이렇게 썼습니다.

> 우리는 어떤 일을 행함으로써가 아니라 기다리길 거부함으로써 범죄할 수 있습니다. 좋은 것을 원하는 것은 아름답지만, 좋은 것을 지금 원하는 것은 죄일지도 모릅니다. 조급하다는 것은 하나님의 뜻과 그 방법의 완전성에 대한 신뢰가 부족하다는 것을 보여 줍니다.[1]

끈기 있게 기도할 때 우리는 마음의 여유를 가지고 하나님께서 그의 때에 그의 뜻을 이루시는 것을 기다릴 수 있게 됩니다. 그리고 그 구하는 바를 수정해야 할 필요가 있으면 기도하며 기다리는 동안 이를 분명히 깨닫게 됩니다. 응답이 지체됨으로써 우리는 우리의 간구 내용을 명확하게 하거나 방향 설정을 새로이 할 수도 있습니다.

우리는 하나님의 뜻을 변화시키기 위해서가 아니라 그 뜻이 이루어지는 것을 보기 위하여 끈기 있게 기도해야 합니다. 우리는 하나님이 꺼리시는 것을 억지로 받아 내기 위해서가 아니라, 하나님께서 우리를 위해 공급하시고 행하시는 방법으로 기도라는 방법을 약속하셨기 때문에 기도합니다. 기도하지 않는다면 우리는 우리에게 나누어 주시길 간절히 원하시는 수많은 축복들을 하나님께서 보류하시게 만드는 셈이 됩니다.

강청과 중언부언의 차이

사람들은 때로 강청하는 기도가, 마태복음 6:7에서 경고하는, 이방인들과 같이 중언부언하는 기도와 어떻게 다른지 궁금해합니다. 많은 다른 종교에서는 신의 이름이나 짧은 기도문을 하루에 수백 번씩 반복하곤 하는데, 이는 신의 이름을 부르고 주문을 외는 일이 곧 공덕을 쌓고 응답을 받는 길이라고 믿고 있기 때문입니다. 몇 년 전 타임지에 세계 평화를 위해 하루에 삼천 번씩 주기도문을 외기로 결심한 사람에 대한 기사가 실렸었습니다. 아마도 그 사람은 결심한 대로 하지 않았거나 아니면 그 사람의 결심이 잘못되었던가 봅니다. 왜냐하면 타임지의 그 다음 호에는 당시 28개 지역에서 전쟁이 벌어지고 있다는 보도가 있었기 때문입니다.

예수님은 공허하고 쓸데없는 중언부언에 대해 경고하고 계십니다. 그런 것은 하나님의 말씀에 기초하여 사려 깊고 의미 있게 반복하여 기도하는 것과 크게 다릅니다. 담대하며 인내심을 가지고 끈기 있게 기도하는 것은 예수 그리스도의 가르침으로서, 다른 성경 말씀에서도 강조되어 있으며(이사야 62:6-7, 에베소서 1:15-16, 골로새서 1:9, 4:12 참조), 우리 자신의 경험에서뿐만 아니라 위대한 기도의 사람들의 삶에서도 그 축복이 입증되어 왔습니다.

강청하는 기도의 상급

하나님께서는 끈기 있는 기도를 통하여 놀랍게 역사하십니다.

몇 년 전 싱가포르에서 이웃에 사는 앤절린이라는 십대 소녀가 우리 집에 와 음악 감상과 그리스도에 대한 이야기로 저녁 시간을 보냈습니다. 그리고 그녀는 몇 주 동안 성경공부에 참석했습니다. 그 후로 이야기를 나눌 기회는 없었지만 아침 일찍 조깅 하면서 그녀 집 앞을 지나갈 때 일주일에 몇 차례씩 그녀의 구원을 위해 기도했습니다.

최근에 교회에서 한 아가씨가 우리에게 인사를 해 왔습니다. "안녕하세요? 이웃에 사는 앤절린이에요."

"아, 코 씨의 따님이신가요?"

"네, 맞아요. 이제 저는 스물한 살이 되었어요. 어머니가 제가 세례받고 교회에 다니는 걸 허락해 주셨어요."

"놀랍군요. 언제 어떻게 그리스도를 개인적으로 믿게 되었어요?"

"2년 전에 한 친구와 교회의 도움으로 믿었어요."

그녀가 그보다 몇 년 전에 영적 관심을 나타냈었고 주님께서 나의 마음을 움직여 주셨기 때문에 나는 몇 년 동안이나 앤절린을 기도의 초점으로 삼았던 것입니다. 그리고 하나님께서는 그 기도에 응답해 주셨습니다.

그 이전에도 우리가 몇 년 동안 기도한 뒤에 또 다른 이웃의 아들이 그리스도를 믿게 된 적이 있었습니다. 거리에서 만나는 다른 사람들을 위해서도 우리는 계속 기도하고 증거하고 기다립니다.

나는 주님께서 내 마음에 지워 주신 한 기획 모임을 위해 3년 동안 거의 매일 기도했습니다. 나는 그것을 위해 하루에 두 번 이상 기도하는 때도 종종 있었는데, 아내나 친구와 함께 기도하기도 하고 나 혼자서 기도할 때도 있었습니다. 그 모임이 진행되는 동안 우리는 주님께서 그 모임을 주관하고 계심을 명확히 깨달을 수 있었습니다. 우리는 기대했던 것보다 훨씬 더 많은 것들을 성취했으며, 주님께서는 오직 성령에 의해서만 가능한 명확한 전망과 연합된 마음을 주셨습니다.

조지 뮐러는 종종 간구에 대해 즉각적이고 극적인 응답을 받곤 했습니다. 어느 날 잠자리에서 그는 식량이 다 떨어진 것을 깨닫고 하나님께 2,000명의 고아들의 아침 식사를 공급해 주시도록 기도했습니다. 주님께서는 놀라운 방법으로 응답하셔서 아이들은 이튿날 아침 제시간에 풍성하게 먹을 수 있었습니다.

뮐러는 한 집회에 참석하기 위해 대서양을 건너 캐나다로 배를 타고 가던 중, 집회 시각에 늦지 않기 위해 짙은

안개를 거두어 달라고 기도하여 응답을 받음으로써 선장을 놀라게 한 일도 있었습니다(부록 참조).

그러나 이 놀라운 기도의 사람도 끈질기게 기도했습니다. 때로는 여러 주, 여러 달, 혹은 여러 해 동안 응답을 기다렸습니다. 종종 그의 믿음은 어려운 시험을 당했습니다. 그러나 구하는 내용이 하나님의 뜻인 줄 알 때 그는 응답이 올 때까지 계속해서 매일, 어떤 때는 하루에도 수차례씩 기도했습니다. 그는 지체되는 응답을 거절된 것으로 보지 않았습니다.

하나님께 어떤 것을 구한 적이 있는데 그것은 내가 알기에 그의 뜻에 맞는 것이었습니다. 받기도 전에 그 응답에 대해 수백 번이라도 감사드릴 수 있는 그런 확신을 가지고 매일 **그리고 대개의 경우 하루에도 여러 차례** 그것을 하나님 앞에 가지고 나갔지만, 그 축복이 내게 주어지기까지는 3년 하고도 10개월을 기다려야 했습니다.[2]

재정적인 것이든 그 외의 것이든 조지 뮐러의 기도 응답은 종종 굉장한 것이었습니다. 아내와 내가 받은 기도 응답은 그보다는 덜 극적이지만 많은 경우 이로 인하여 하나님을 찬양하고 그의 공급하심에 대해 기뻐하지 않을 수 없었습니다.

지나간 어떤 해에는 매월 경제적으로 쪼들렸습니다. 우리 필요에 대해 재평가하고 절약하기도 했지만, 우리는 주로 기도에 치중했습니다. 우리는 연간 재정 목표에 기도의 초점을 맞추고 매일 하나님께 우리의 필요를 아뢰었습니다. 주님께서는 우리가 사역을 중단하는 일이 없게 해주셨고, 연말에 가서 보니 우리는 재정 목표를 달성하고도 약간의 여유가 있었습니다.

우리는 매월의 필요와 특별한 필요들에 대해 그와 유사한 응답을 받은 적이 여러 번 있었습니다. 하나님께서는 놀라울 정도로 신실하시고 능력이 있으시며, 또한 그의 자녀들이 그의 뜻을 분별하여 끈기 있게 기도하며, 올바른 시기와 그 응답의 방법에 대해 그를 신뢰하기를 간절히 바라십니다.

강청하는 기도의 또 다른 목적은 하나님께서 그리스도인들의 삶 가운데서 역사하시도록 하려는 것입니다. 이것은 물질적인 필요를 위한 기도보다 더 많은 인내와 근면이 요구됩니다. 왜냐하면 대개의 경우 그 진척 속도가 느리게 나타나기 때문입니다. 그러나 우리가 성령의 인도를 받아 다른 사람들과 우리 자신들을 위해 꾸준히 기도할 때에 하나님께서는 응답하십니다.

우리는 이러한 사실을 우리 자녀들이 사탄의 올무로부터 벗어나 그리스도를 그들 삶의 첫자리에 모시며 견실하고 영적인 배우자들을 만나 결혼하게 된 것을 통해 알았습니다. 아들의 경우, 많은 사람들의 꾸준한 기도에 힘입어 오랫동안의 회의와 자포자기 상태로부터 벗어났습니다. 우리는 다른 사람들을 위해서도 지속해서 기도했을 때 주님께서 그 기도에 응답하셔서서 그들을 보호하시고 인도하시며 주님의 일에 사용하시는 것을 보아 왔습니다.

끈기 있는 기도와 응답은 하나님의 은혜와 인도하심에 우리의 끈기 있는 협조가 합하여 이루어지는 결과입니다. 하나님의 역할은 크고 우리의 역할은 작지만, 둘 다 긴요합니다.

누가복음 18장에서 그리스도께서는 다시 한 번 강청하는 기도의 원리에 대해 가르치십니다. 첫째 구절에서 그는 우리가 배워야 할 교훈을 말씀하십니다. 실망하거나 포기하지 않기 위하여 끈기 있게 기도해야 한다. 예수님께서는 불의한 재판관도 과부의 강청함을 인하여 그 청을 들어주었다면 우리의 의로우신 사랑의 하나님께서는 계속 부르짖는 그의 백성들의 기도에 얼마나 풍성히 응답하시겠느냐고 가르치십니다. 예수님께서는 지금 하나님의 성품을 그 불의한 재판관의 성품에 비유하고 있는 것이 아닙니다. 그의 가르침의 요지는 우리가 마치 불의한 재판관에게 하듯 강청하며 기도해야 한다는 것입니다.

하나님의 영광을 위해 어떤 것을 구한다면 우리는 하나님께서 응답해 주실 때까지 기도해야 합니다. 효과적인 기도 생활에서 그러한 끈질김은 성서적이며 필수적입니다. "항상 기도하고 낙망치 말아야"(누가복음 18:1) 하는 것이 얼마나 필요한지 모릅니다.

개인 적용

1. 내가 지금, 하나님께 구하기 시작해야 할 두 가지 기도 제목은 무엇인가? (나 자신을 위한 것과 다른 사람을

위한 것을 각각 하나씩 쓰시오.)

2. 나 자신이 이런 필요들을 위해 규칙적으로 기도하기 위해 할 수 있는 일은 무엇인가?

주:

1. Richard C. Halverson, *Somehow Inside of Eternity* (Zondervan Publishing House, 1978), page 42.
2. Robert Steer, *George Mueller: Delighted in God* (London: Hodder and Stoughton, 1975), page 266.

18

성령을 의지하라

> 성령께서는 새 생명의 창조자로서뿐 아니라 우리 모든
> 삶의 인도자요 주관자로서 영광을 받으셔야 합니다…
> 성령께 전심으로 굴복하고 온전히 그에게 쓰임받는
> 것보다 못한 어떤 것으로도 만족하지 맙시다.
> −앤드류 머리

누가복음 11:11-13은 기도에 관한 그리스도의 세 번째 가르침입니다.

너희 중에 아비 된 자 누가 아들이 생선을 달라 하면 생선 대신에 뱀을 주며 알을 달라 하면 전갈을 주겠느냐? 너희가 악할지라도 좋은 것을 자식에게 줄 줄 알거든 하물며 너희 천부께서 구하는 자에게 성령을 주시지 않겠느냐?

마태복음 7:9에서 그리스도께서는 또한 "너희 중에 누가 아들이 떡을 달라 하면 돌을 주겠느냐?"고 반문하십니다. 어린아이는 언제 생선이나 달걀, 특히 떡을 달라고 합니

까? 배고플 때마다 그렇습니다. 아마, 아침 반나절 지나서, 방과 후, 저녁 식사 직전, 잠자리에 들기 전 등 하루에도 몇 차례는 달라고 할 것입니다. 생선과 달걀과 떡은 세계 도처에서 비교적 보편적인 음식입니다. 파티나 명절 때나 맛보는 특별한 음식이 아닙니다. 어린아이는 필요할 때마다 그런 음식을 달라고 합니다.

다른 사람들에 대한 사랑이 필요합니까? 우리는 성령을 구해야 합니다. 성령의 열매가 사랑이기 때문입니다.

격려와 희망이 필요합니까? 성령은 격려자이시며, 그의 능력으로 말미암아 우리 삶은 희망으로 넘쳐흐를 수 있습니다(로마서 15:13 참조).

어떤 사람에게 비성서적인 태도를 보이고자 하는 유혹을 갑자기 느낍니까? 우리는 재빨리 "주님, 주님이 원하시는 태도를 갖게 해주십시오!" 하고 쏜살같은 기도를 올려 보낼 수 있습니다.

증거할 때 도움이 필요합니까? 성령의 특별한 사역의 하나는 그리스도의 증인인 우리들에게 권능을 주시고 그리스도를 믿지 않는 사람들에게 죄를 깨닫게 해주시는 일입니다(사도행전 1:8, 요한복음 16:8-9 참조). 그러므로 우리는 증거할 때 성령을 구해야 합니다.

성경 말씀 가운데 이해하기 어려운 부분이 있습니까? 우리는 기도해야 하며 성령께서는 그의 때에 가르쳐 주실 것입니다.

하나님 및 그의 아들과의 좀 더 깊고 따뜻한 교제가 필요합니까? 그리스도의 영께서는 이것을 이루어 주길 원하십니다.

기도에 도움이 필요합니까? 기도할 때 간구의 영께서 우리를 인도하시고 능력을 주실 것입니다.

그리스도께서는 우리가 이와 같이 성령을 구해야 한다고 가르치고 계십니다. 즉 우리에게 성령이 필요하다고 생각될 때마다 구하라는 것입니다.

성령의 도우심과 충만하심이 필요함을 깨달을 때마다 하루에 몇 번이고 우리는 그것을 구해야 합니다. 그는 우리가 하나님께서 값없이 주신 부요를 알고 즐길 수 있도록 해주는 우리의 교사이십니다. 그는 우리의 격려자요, 위로자요, 조언하는 모사요, 도와주는 보혜사이십니다. 그는 우리 안에 내주하시며 우리가 그의 도우심을 청할 때마다 우리 필요를 채워 주기를 간절히 바라고 계십니다.

성령의 충만

한 사람이 예수 그리스도를 그의 개인의 구세주로 받아들일 때 그는 죄 사함과 영생과 성령을 받습니다(요한복음 1:12, 사도행전 10:43, 로마서 8:9 참조). 모든 참그리스도인은 성령으로 거듭났으며, 성령으로 인치심을 받았고, 성령으로 세례를 받아 그리스도의 몸에 들어오게 되었습니다(요한복음 3:3-7, 에베소서 1:13, 고린도전서 12:13 참조). 각 사람에게 성령께서 내주하고 계십니다(고린도전서 3:16 참조). 우리는 이와 같은 것들을 위해서는 기도할 필요가 없습니다. 이것은 마치 우리가 영적으로 거듭나거나 하나님의 자녀가 되기 위해 혹은 하나님의 상속자가 되기 위해 되풀이 하여 기도할 필요가 없는 것과 같습니다. 이 모든 것은 주 예수 그리스도를 우리 구주로 믿은 그 순간에 다 이루어진 것입니다.

우리는 성령의 다른 사역들을 위해 기도해야 하며, 이러한 것들은 우리가 영적으로 거듭난 뒤에 계속적으로 필요한 것들입니다. 이 사역들은 "성령의 충만을 받으라"고 에베소서 5:18에서 명하는 바와 같이 성령의 충만을 받는 것과 밀접한 관련이 있습니다. 성령은 우리가 거듭날 때 예수님께서 우리에게 주셔서 마시게 하신 생명수입니다. 우리가 마시는 물은 갈증을 해소시키고 온 몸에 스며들어 그 필요를 채워 줍니다. 성령은, 그 자신이 영감을 불어넣은 성경 말씀과 함께, 주님께서 우리의 영적 감정적 필요들을 채워 주시기 위해 사용하시는 영적인 물입니다.

성령은 "영생하도록 솟아나는"(요한복음 4:14) 깊은 샘물로 우리 속사람 안에 거하십니다. 신선한 물이 강바닥을 채우고 흠뻑 적시듯이 그는 우리 인격에 충만케 되길 원하십니다. "나를 믿는 자는 성경에 이름과 같이 그 배에서 생수의 강이 흘러나리라"(요한복음 7:38).

성령 충만을 받는 것은 곧 성령께서 우리를 지도하시고 능력을 주시며 그의 은혜로운 사역들을 우리 안에 이루시도록 해드리는 것입니다. 우리가 매순간 주 예수 그리스도께 굴복하고 그의 풍성하심을 의뢰할 때, 성령께서는 우리를 다스리시며 자유롭게 하셔서 하나님을 사랑하고 순종하며 영화롭게 하고자 하는 우리의 참된 욕망을 따를 수 있게 해주십니다. 그는 죄로 이끌리는 마음을 막아 주시고 우리에게 그리스도를 나타내시며, 우리를 하나님께서 뜻하시는 영광스런 존재로 점점 변화시켜 주십니다(고린도후서 3:17-18 참조).

성령 충만의 증거로는 찬송하는 마음, 감사하는 마음, 일상적인 대인 관계에서의 온유하고 순종하며 사려 깊은 마음 등이 있습니다(에베소서 5:18-6:10 참조). 갈라디아서 5:22-23에서 바울은 성령 충만의 또 다른 증거들을 "성령의 열매"로 언급하고 있습니다.

성령 충만을 구할 때는 단지 이렇게 말하면 됩니다. "주님, 이 시간이 저에게 달려 있으면 실패로 끝날 수밖에 없습니다. 주님께서 제게 성령으로 충만케 하시고 능력을 주시고 다스리심으로 힘과 승리를 주십시오." 또는 힘과 승리 대신에 사랑이나, 지혜, 인내, 절제, 순결 등 우리에게 필요한 구체적인 필요들은 무엇이든 구할 수 있습니다. 그리스도를 따르는 우리는 아버지(하나님)께 성령으로 충만케 해달라고 애걸할 필요가 없고, 성령께서 우리를 인도하시고 우리에게 능력을 주실 것을 믿으며 단순히 기도하면 됩니다. 성령께서는 우리 안에 역사하시고 또한 우리를 통하여 역사하심으로써 주님을 영화롭게 하길 간절히 원하십니다. 이것이 그가 우리 안에 거하시는 이유입니다.

누가복음 11장에 나오는 교훈들 가운데 이해하거나 적용하기가 어려운 것이 있으면, 이를 기회로 삼아 성령께서 당신에게 가르쳐 주시고 그 진리들을 당신의 경험을 통해 확증해 주시도록 기도하십시오. 당신의 의문점들을 거듭하여 주님께 말씀드리고 그의 말씀이나 그 밖에 다른 방법을 통해 주시는 대답들에 귀를 기울이십시오. 그러나 그의 가르침을 적용하고 기도해 보기 전에는 완전하게 이해하기를 기대하지는 마십시오. 기도는 믿음의 행위입니다. 기도는 그것에 대한 충분한 이해나 신학적 지식이 있든 없든 관계없이, 하나님의 분명한 가르침에 대한 응답입니다. 기도는 그리스도를 닮은 삶과 섬김에서 빼놓을 수 없는 부분입니다.

기도는 힘든 일이다

J. 오스왈드 샌더스는 그의 저서 영적 지도력에서 이렇게 썼습니다. "주님뿐 아니라 그의 종 바울도 참된 기도는 유쾌하거나 꿈길 같은 환상이 아님을 분명히 했습니다. '모든 생동적인 기도는 인간의 원기를 소모시킨다'고 J. H. 조웨트는 썼습니다."[1]

나는 기도가 힘든 일이라는 것을 깨닫고 나서는, 기도하기가 점점 쉬워질 것이라는 비현실적인 기대를 하지 않게 되었습니다. 이 진리는, 비록 집중력과 에너지를 필요로 하지만 그래도 그리스도인의 삶에 필수적인 이 기도에 나 자신을 드리도록 도와주었습니다. 론 쎄니는 이렇게 말했습니다.

기도가 쉬워지는 일은 결코 없을 것입니다. 내게는 10년 전보다 지금이 기도하기가 더 어렵습니다. 나는 내가 기도하지 않고는 견딜 수 없을 그런 수준에 도달할 것이라고 생각했었습니다. 그런데 지금은 도리어 기도하기가 더욱 어렵습니다. 그것이 어찌 쉬울 수가 있겠습니까? 그것은 전쟁입니다.

바울의 가까운 동역자의 하나인 에바브라도 기도에는 수고가 따라야 한다는 사실을 알았습니다. "그리스도 예수의 종인 너희에게서 온 에바브라가 너희에게 문안하니, 저가 항상 너희를 위하여 애써 기도하여 너희로 하나님의 모든 뜻 가운데서 완전하고 확신 있게 서기를 구하나니, 그가 너희와 …을 위하여 많이 수고하는 것을 내가 증거하노라"(골로새서 4:12-13).

에바브라는 현실적인 기대를 품고 기도 가운데 수고했습니다. 그는 전능하신 하나님께서 사람들을 변화시키실 수 있음을 믿었습니다. 그는 떠나 있을 때라도 기도를 통하여 골로새 교회의 성도들의 삶 속에 강력한 영향을 미칠 수 있다고 믿었습니다. 그는 어쩌다가 하는 산발적인 기도로 사람들의 삶에 기적적인 성장이 일어나기를 기대하지 않았습니다. 그는 애써 기도하는 이 힘든 일에 기꺼이 자신을 드렸습니다. 그러나 그는 결코 그런 기도가 쉽지 않다는 것을 알았습니다.

에바브라는 골로새 성도들이 성숙한 삶을 살며 하나님의 뜻을 확신할 수 있게 되도록 주님께 기도하는 일에 자신을 드렸습니다. 아마도 골로새 성도들에 대한 사랑으로 인해 그는 이런 수고를 해도 감정적으로는 만족을 누렸을 것입니다. 하지만, 그의 감정이야 어떠했든 그는 그들을 위해 수고하여 기도했던 것입니다.

힘든 일도 즐거운 일이 될 수 있습니다. 그러나 우리는 자신의 능력을 의지함으로써 기도의 즐거움을 놓칠 수 있습니다. 수고하여 기도할 때 우리는 의식적으로 성령을 의지하여 방향과 힘을 얻도록 해야 합니다.

기도의 신비

기도는 하나의 역설입니다. 성령을 의지하는 것과 우리 쪽에서의 노력 사이의 균형은 은혜와 수고 사이의 좀 더 넓은 의미의 균형과 유사합니다. 승리하는 삶, 효과적인 봉사 및 생산적인 기도의 비결은 언제나 하나님의 은혜와 우리의 수고를 합하는 것입니다. 둘 다 빼놓을 수 없습니다. 어느 한 쪽만으로는 결코 충분하지 못합니다. 가위의 두 날이나 새의 두 날개처럼 둘이 함께 일해야 합니다. 바울의 삶은 하나님의 은혜와 바울의 수고가 끊임없이 합쳐져 이루어진 것이었습니다.

느헤미야는 적들이 예루살렘 성의 재건을 중지시키려고 위협할 때 하나님의 은혜와 인간의 노력이 둘 다 필요한 것을 깨닫고 있었습니다. "우리가 우리 하나님께 기도하며 저희를 인하여 파수꾼을 두어 주야로 방비하는데"(느헤미야 4:9). 느헤미야의 믿음이 어디에 있었습니까? 하나님께서 일꾼들을 보호하신다면 왜 파수꾼을 세웁니까? 기도로 충분하지 않았습니까? 하나님께서는 기도를 들으시고 그들을 보호하셨지만, 자기 백성들이 자기와 함께 일하도록 하는 것이 하나님의 뜻이었습니다.

봉사에서와 마찬가지로 기도에서도 우리는 힘을 다해야 합니다. 그러나 그리스도 없이는 아무것도 할 수 없습니다 (요한복음 15:5 참조). 주님께서 주시는 동기력과 방향이 없다면 우리의 모든 노력은 자의적인 것으로서 영원한 결과는 하나도 얻지 못합니다.

이처럼 우리는 겉으로 보기에는 모순 같은 삶의 원리에 의해 살아갑니다. 이에 대해 우리가 아무리 어렴풋이 이해하고 있다 해도, 우리의 노력과 기도는 합력하여 사람들과 일에 영향을 주고 영원한 열매를 맺게 됩니다. 우리가 시간을 내어 기도라는 이 보람된 일에 자신을 드릴 때, 성령께서는 우리의 영을 고양시켜 동기와 활력을 주십니다.

골로새서 4:2을 이렇게 풀어 쓸 수 있습니다. "인내함으로 기도하고 싫증을 느끼지 마십시오. 그 일에 전심으로 자신을 드리십시오. 여러 필요와 기회들을 지나치지 말며, 감사함으로 기도하십시오." 이 명령에 순종하려면 수고가 필요하지만, 그 노력이 틀에 박힌 따분한 일이 되거나 지루한 복종이 되어서는 안 됩니다. 하나님의 명령은 훈련병들이 결코 어길 수 없는 교관의 고함치는 듯한 명령과 같은 것이 아닙니다.

하나님의 명령은 언제나 우리에게 좋은 것을 제공합니다. 특히 기도하라는 명령이 그렇습니다. 그 명령은 직접적이고 개인적으로 우주의 통치자의 동역자가 될 수 있는 특권과 자유를 우리에게 제공합니다. 그는 우리의 기도가 강압적인 책임이 아니라 오히려 우리의 모든 책임들을 더 가볍게 해주는 방편이 되길 원하십니다. 기도는 인내를 필요로 하나 이는 우리에게 응답뿐 아니라 새 힘도 가져다줍니다. 진실한 안목에서 볼 때, 우리에게 있어서의 기도라는 짐은 비행기에 있어서의 날개나 카누에서의 노와 같습니다.

그러므로 기도는 여전히 신비입니다. 성서적인 기도란 성령의 능력과 우리의 믿음 및 수고를 혼합하는 일입니다. 그것은 우리의 힘을 소모하지만, 새롭게 하시는 성령의 능력을 우리에게 가져옵니다. 도슨 트로트맨의 표현처럼, 날마다 우리는 "비록 새 힘을 주고 놀라운 것이기도 하지만 참으로 가장 힘든 일은 기도"라는 사실을 알게 될 것입니다.

개인 적용

1. 이 장을 통하여 주님께서 내게 감명을 주신 것은 무엇인가?

2. 나는 이것에 대해 어떻게 해야 하는가?

주:
1. J. Oswald Sanders, *Spiritual Leadership* (Moody Press, 1967), page 78.

19

잃어버린 영혼들을 위하여 기도하라

> 그러므로 내가 첫째로 권하노니, 모든 사람을 위하여
> 간구와 기도와 도고와 감사를 하되…
> 이것이 우리 구주 하나님 앞에 선하고 받으실 만한 것이니,
> 하나님은 모든 사람이 구원을 받으며 진리를 아는 데
> 이르기를 원하시느니라. 하나님은 한 분이시요
> 또 하나님과 사람 사이에 중보도 한 분이시니
> 곧 사람이신 그리스도 예수라. 그가
> 모든 사람을 위하여 자기를 속전으로 주셨으니…
> —디모데전서 2:1,3-6

바울은 "내가 권하노니 모든 사람을 위하여 기도하라"고 쓰고 있습니다. 모든 사람에는 우리 친구들이나 사랑하는 사람들도 포함됩니다. 동료 그리스도인들과 영적 추수터에서 수고하는 일꾼들도 포함됩니다. 여기에는 또한 잃어버린 영혼들도 포함됩니다. 하나님께서 많은 사람이 구원을 받고 그 매인 데서 벗어나도록 모든 사람을 위하여 기도하라고 명하셨으므로 우리는 잃어버린 영혼들을 위해 기도해야 합니다. "또 모여든 군중을 보시며 목자 없는 양처럼 불쌍히 여기셨다. 그들이 가지고 있는 문제는 너무나도 큰데, 그들은 그것을 어떻게 해야 할지, 어디에 가서 도움을 받아야 할지도 모르는 가엾은 백성들이었기 때문이었다"(마태복음 9:36, 현대어성경).

하나님께서는 우리가 자신의 이익과 자신의 친구들의 범위를 넘어 바라보길 원하십니다. 이를 위한 좋은 출발점은 우리가 매일 만나는 사람들, 즉 안고 있는 문제가 너무 커서 어찌해야 하는지 또는 어딜 가야 도움을 얻을지를 모르는 사람들입니다. 그들은 하나님으로부터 분리되어 있고 그들 스스로 저항하기에는 너무 엄청난 힘에 붙잡혀 있습니다.

마태복음 9:36을 다른 번역에서 보면, 사람들이 "어리둥절해하며 비참하다," "괴로움을 당하고 있으며 의지할 데가 없다," 또는 심지어 "만신창이가 되어 땅바닥에 팽개쳐져 있다" 등으로 표현되어 있습니다.

베트남의 한 촌락의 외곽 벌판에서 호랑이 한 마리가 사람을 공격했습니다. 그 거대한 맹수는 살아서 비명을 지르는 사람을 억센 입으로 물고는 밀림 쪽으로 끌고 갔습니다. 숲 가장자리에 이르러서 그 호랑이는 그 사람을 놓아주었습니다. 사람이 엉금엉금 기어 도망을 가기 시작하자 호랑이는 그를 다시 움켜잡고는 끌고 왔습니다. 호랑이는 그 포로를 풀어 주었다가는 다시 붙들어 오고 하길 반복했습니다. 마치 고양이가 쥐를 붙잡아 희롱하듯 그를 가지고 놀다가 마침내는 밀림 깊숙한 곳으로 끌고 갔습니다.

사탄이 바로 이런 식으로 자기 포로들을 다룹니다. 어떤 때는 일격에 때려눕히기도 하고, 어떤 때는 몇 년을 두고 점차 옭아매 고통을 주면서 가지고 놀기도 하고, 괴롭히고 의지할 데 없이 만듭니다. 그리하여 "소망도 없고 하나님도 없는" 상태로 만들어 버립니다(에베소서 2:12 참조).

사랑과 관심의 마음

그리스도께서는 우리가 눈을 떠서 이런 사람들, 즉 우리 가족, 이웃, 직장 동료나 학우들, 그리고 우연히 만나는 사람들을 바라보라고 하십니다. 흔히 그들은 겉으로는 만족과 목적이 있는 듯이 살아가지만 속으로는 괴로워하고 있습니다. 이혼을 고려 중인 사람도 있습니다. 어떤 사람은 용기 있게 자살이라도 하고 싶지만 죽음 뒤에 무엇이 있는지를 몰라 두려워합니다. 그들에게는 사는 것도 무섭고 죽는 것도 두렵습니다. 자신들로서는 해결책을 찾을 수 없고 의지할 데도 없고 비참하며, 계속 괴로움을 당하다가 마침내 우는 사자와 같은 사탄의 영원한 희생물이 되고 맙니다.

가끔 그들은 자신의 가면을 벗고 자기 마음속 깊은 곳에 있는 갈등을 이야기하기도 합니다. 때로는 그들이 무심코 하는 말과 행동을 통하여, 그들의 필요가 무엇인지 짐작할 수 있습니다. 겉모습과 주장이 어떠하든지, 그리스도가 없는 사람은 하나님의 용서와 평강이 없는 삶을 사는 것입니다. 그들은 어둠 속에서 살다 어둠 속에서 죽을 것이며, 이생에서처럼 비참한 영원을 보내게 됩니다.

우리는 특별한 은혜를 입은 자들입니다. 하나님의 공급하심으로 말미암아 우리는 생명의 빛을 가지고 있으며 어둠 속에서 헤맬 필요가 없습니다. 우리는 매여 있지 않고 자유롭습니다. 우리는 화목한 삶과 승리의 삶에 대한 좋은 소식 곧 복음을 알고 있으며, 하나님께서는 이 소식을 다른 사람들에게 전할 책임을 우리에게 부여하셨습니다. 그는 우리가 그들을 보며, 그들을 민망히 여기며, 그들의 구원을 위하여 수고하고 기도하길 원하십니다.

> 하나님께서는 그리스도를 내세우셔서, 우리를 자기와 화해하게 하시고, 또 우리에게 화해의 직분을 맡겨 주셨습니다. 곧… 화해의 말씀을 우리에게 맡겨 주심으로써, 세상을 그리스도 안에서 자기와 화해하게 하신 것입니다. 그러므로 우리는 그리스도의 사절입니다. 하나님께서는 우리를 시켜서 여러분에게 권면하십니다. 우리는 그리스도를 대신하여 간청합니다. "여러분은 하나님과 화해하십시오."(고린도후서 5:18-20, 표준새번역)

종종 우리는 하나님의 기대를 저버립니다. 우리는 자신의 책임을 받아들이기를 거부하고, 어떻게 시작해야 하는지를 모르며, 기회를 놓쳐 버립니다. 우리는 하나님의 관점에서 잃어버린 자들을 보며 하나님께서 그들에 대해 가지고 계신 동정과 민망히 여기는 마음을 우리도 가지게 해주시도록 기도해야 하며, 마음에 내키든 말든 행동으로 그것을 나타낼 수 있게 해주시도록 기도해야 합니다. 이러한 기도는 우리의 부족함에 대한 해결의 일부가 됩니다.

잃어버린 영혼들의 상태를 보여 주는 성경 말씀을 가지고 기도하는 것으로부터 시작하되 다른 사람들의 진정한 영적 상태를 보게 해달라고 하나님께 구하십시오. 우리의 사랑하는 가족이나 훌륭한 이웃 및 친절하고 정직한 동료들 가운데 많은 사람들이 영적으로 잃어버린 상태에 있으며 멸망을 향해 가고 있다는 사실을 받아들이는 데는 믿음이 필요합니다. 우리 마음이나 감정은 "그럴 리가!" "무엇 때문에?" 또는 "하나님께서 그 사람을 지옥으로 보내시진 않을 거야"라고 말할 것입니다. 그러나 하나님께서는 "아들을 믿는 자는 영생이 있고 아들을 순종치 아니하는 자는 영생을 보지 못하고 도리어 하나님의 진노가 그 위에 머물러 있느니라"(요한복음 3:36)라고 말씀하십니다. "그는 극렬한 불꽃 가운데서 나타나셔서 하나님을 인정하기를 거부하거나 우리 주 예수 그리스도의 복음에 순종하기를 거부하는 사람들을 온전히 심판하실 것입니다. 그들이 받을 형벌은 주의 얼굴의 광채와 그의 힘의 영광스런 위엄으로부터의 영원한 추방입니다"(데살로니가후서 1:8-9, 필립스 역).

잃어버린 바 된 자기 동포들을 위해 중보의 기도를 한 바울의 본을 따라, 잃어버린 영혼들을 위해 지속적으로 기도하기 시작하십시오. "형제들아, 내 마음에 원하는 바와 하나님께 구하는 바는 이스라엘을 위함이니 곧 저희로 구원을 얻게 함이라"(로마서 10:1). 그리스도의 지상사명의 한 편은 기도하는 것이었고 또 한 편은 가서 그의 구원을 선포하는 것이었습니다. 두 가지를 모두 행함으로써만 우리는 매인 자를 해방시키는 우리의 사명을 완수할 수 있습니다.

이제 잠시 멈추어 잃어버린 영혼들에 대해 주님께서 가지고 계신 관심을 당신도 가지길 원한다고 말씀드리십시오. 그러한 관심으로 말미암아 주님께서는 십자가를 지셨습니다. 그리고 주님을 필요로 하는 사람들을 위해 기도하는 일을 통해 주님과 동역하고 싶다고 말씀드리십시오.

소수의 몇 사람들을 위해 꾸준하게 기도하십시오

소수의 사람들을 위해 규칙적으로 기도함으로써, 당신은 기도라는 무기의 위력을 잃어버린 영혼에게 집중시킬 수 있습니다. 하나님께서 인도하여 주시길 구하면서, 당신의 가족이나 이웃, 직장 동료 또는 친구들 가운데 몇 명을 선택하십시오. 두세 명으로 시작하여 점차 다른 사람들을 추가시켜 가십시오. 너무 욕심을 부리다가 실망하는 일이 없도록 하십시오. 기억력을 의지하지 말고 하나님께서 당신으로 하여금 중보 기도하도록 인도하시는 사람들의 목록을 만드십시오.

그들을 구원해 주시며, 그들과 이야기를 나눌 수 있는 기회를 허락해 주시도록 매일 기도하십시오. 응답이 더디 오더라도 끈기 있게 기도하되, 주님께서 그의 사랑으로써 그들의 내적 장벽들을 허물어 주시고 성령으로써 그들이 죄를 깨닫게 해주시도록 간구하십시오. 성령의 인도를 따라 길게 기도할 수도 있고 짧게 기도할 수도 있지만, 중요한 것은 규칙적으로 기도하는 것입니다.

캘리포니아 대학에 다닐 때, 두 친구와 나는 일주일에 몇 차례씩 만나 믿지 않는 학우들 가운데 세 사람을 위해 기도했습니다. 우리는 또한 수업 시간에는 강의 종료를 알리는 종소리가 울릴 때마다 이 세 사람을 위해 쏜살같은 기도를 올려 보내기로 했습니다.

그 세 명 가운데 하나는 성경도 가지고 있고 어머니가 그리스도인이셨지만 전혀 무관심해 보였습니다. 내가 그리스도에 관한 이야기를 꺼내자 자기는 흥미가 없다고 했습니다. 수년 후, 해외에 있을 때 이 친구로부터 편지가 왔는데 그 편지에 이렇게 적혀 있었습니다. "워렌, 난 자네가 약 10년 전에 내게 한 이야기가 옳다는 것을 알게 되었네." 미국에 돌아가서, 나는 그가 스스로 성경을 읽다가 그리스도를 구세주로 영접하게 된 것을 알았습니다. 나는 그를 위해 매일 기도하는 일은 오래 전에 중단했지만 하나님께서는 그전에 했던 기도에 응답하셨던 것입니다. 내가 강청하는 기도를 계속했더라면 더 일찍 그가 그리스도를 믿게 되었을지도 모릅니다.

두 번째 사람은 우리가 기도를 시작한 지 몇 달 후 그리스도를 믿게 되었고, 나머지 한 명은 지금 죽었는데 그가 복음을 받아들였는지에 대해선 들어 보지 못했습니다.

최근 몇 년 동안 계속 주님께서는 고등학교, 대학 및 군대에 있을 때의 친구들 생각이 나게 해주셨습니다. 나는 그들 가운데 몇 명의 이름을 적고 매일 기도하고 있습니다. 그들 가운데 많은 사람들은 내가 만나서 전도할 수는 없습니다. 그러나 나는 기도할 수는 있습니다.

불신자들을 위해 기도할 때, 우리는 하나님께서 그들을 억지로 그리스도께 나오게 해주시도록 요청하지는 않습니다. 하나님께서는 사람들로 하여금 영적 선택을 하도록 강요하지는 않으십니다. 절대주권적인 뜻 가운데서, 그는 사람들에게 그리스도를 영접할 수도 있고 배척할 수도 있는 자유를 허락해 주셨습니다. 이 세상의 수많은 사람들 모두를 위해 효과적으로 기도할 수 있는 사람은 아무도 없습니다. 그러므로 우리는 먼저 하나님께 우리가 기도해 주기를 원하시는 사람들을 마음에 떠오르게 해달라고 요청해야 합니다. 하나님께서 우리에게 그들을 위해 지속적으로 아뢸 수 있도록 거리낌 없는 마음과 믿음을 주실 때, 우리는 그의 영원한 뜻을 성취시키는 일을 돕고 있다는 확신 가운데 담대하게 나아갈 수 있습니다.

우리가 기도하면, 하나님께서는 그들을 그리스도께로 이끌기 위해 그들의 삶 속에서 역사하십니다. 때로 우리가 상상도 못한 방법으로, 그리고 아마 우리라면 채택하지 않았을 방법으로 역사하시기도 하는데, 특히 우리가 사랑하는 사람들인 경우에는 더욱 그러합니다. 그는 사람들로 하여금 자신들의 필요를 알 수 있게 해주시고, 복음을 듣고 이해하며, 믿음으로 응답하게 하십니다.

지금 즉시 잠깐 시간을 내어 당신이 관심을 기울이고 있는 사람들 가운데 세 명을 위하여 기도하십시오. 앞으로 그들과 구원받아야 할 다른 사람들을 위해 지속적으로 기도할 수 있게 도와주시도록 하나님께 간구하십시오. 성령의 인도를 받아 믿음으로 하는 기도는 "하나님을 거스르는 모든 교만한 사상과 사람들이 주님을 만나지 못하게 하는 모든 장벽을 무너뜨릴" 수 있는 하나님의 강력한 무기입니다(고린도후서 10:5 참조). 폴 빌하이머는 이렇게 쓰고 있습니다.

끈질기게 믿음으로 강청하는 중보 기도에 의하여 우리는 하나님의 영이 어떤 영혼 위에 임하시게 할 수 있으며, 이로 인하여 그 영혼은 성령의 부드러운 사랑의 음성에 굴복하여, 구원받는 것이 계속 거역하는 것보다 쉽다는 것을 알게 됩니다.[1]

개인 적용

1. 잃어버린 영혼들을 위해 좀 더 지속적으로 기도하기 위하여 나는 어떤 실제적인 조치를 취할 수 있는가?

2. 내가 지금부터 매일 기도해 주어야 할 사람은 누구인가?

주:

1. Paul E. Billheimer, *Destined for the Throne* (Christian Literature Crusade, 1975), page 17.

20

세계비전을 키워라

> 우리는 고작 땅콩과 같은
> 보잘것없는 것들을 구하기보다
> 그리스도를 위하여 대륙을 구하며
> 세계를 달라고 구해야 합니다.
> —도슨 트로트맨

하나님께서는 우리 세상, 곧 예수 그리스도가 없는 잃어버린 바 된 사람들이 살고 있는 세상을 사랑하십니다. 그는 세상을 너무도 사랑하셔서 그의 아들을 보내어 이 세상의 빛이 되게 하셨고, 세상 죄를 위한 희생 제물이 되게 하셨습니다. 하나님께서는 이 복음이 온 세상에 전파되길 원하시며, 세계의 모든 족속에게 이 놀라운 진리를 가르치는 사명을 우리에게 주셨습니다.

지구상에는 수십억의 사람이 사는데, 하나님께서는 그 한 사람 한 사람에게 관심을 가지고 계십니다. 바로 이것이 예수님께서 "내가 너희에게 이르노니, 눈을 들어 밭을 보라! 희어져 추수하게 되었도다… 밭은 세상이요"(요한복음 4:35, 마태복음 13:38)라고 말씀하신 이유입니다. 하나님께서는 그의 이러한 관심에 우리 마음이 사로잡히길 원하십니다. 어떻게 하면 그렇게 될 수 있을까요?

정보를 수집하십시오

성경 전체를 통하여 하나님께서는 그의 목적들을 성취하고자 하는 동기를 사람들에게 주기 위해 사실을 사용하셨습니다. "밭을 볼 수 있는" 한 가지 방법은 우리 교회와 이웃, 마을 및 나라의 필요뿐 아니라 다른 나라의 필요에 대한 정보를 수집하는 것입니다.

당신 주위의 어떤 사람 또는 단체가 전도와 일꾼 세우는 일에 특별히 많은 열매를 맺고 있습니까? 그들이 간행물이나 뉴스레터를 발행한다면 당신도 받아 볼 수 있도록 신청하여, 그 자료를 가지고 기도하십시오. 기회가 된다면, 더 먼 곳에 있는 기독교 기관이나 일꾼들에게도 그와 같은 것들을 신청하도록 하십시오.

해외의 어느 한 나라에 있는 일꾼들을 위해 기도하기 시작하여 그곳 형편과 필요들을 잘 파악하도록 하십시오. 기도 노트에 기도 제목들을 적고 나중에 응답을 기록할 수 있게 여백을 남겨 두십시오. 기도 제목과 그 응답들을 기록해 두면 그때그때 잊지 않고 기도할 수 있고 또 찬양의 자료가 되기도 합니다. 주님께서 인도하시는 대로, 또 다른 나라들을 위하여도 그렇게 해보십시오.

내게 특별히 감명을 주는 뉴스레터가 있으면 나는 그것을 경건의 시간이나 기도의 날에 활용합니다. 뉴스레터를 보고 나는 그것을 위해 즉시 기도할 때도 있고 어떤 때는 나중에 더 기도하기 위해 기도 노트에 몇 가지 기도 제목들을 옮겨 놓기도 합니다. 뿐만 아니라, 아내와 나는 가족 기도 시간이나 식사 기도 시간, 또는 그룹 기도 시간에도 뉴스레터를 사용합니다.

너무 많은 간행물과 뉴스레터를 받는 것은 부담이 될 수 있지만, 잘 선별된 것들은 우리가 기도로써 원근 각처로 여행할 수 있게 도와줍니다. 우리는 가장 귀중한 자산인 우리 자신과 시간 및 우리의 기도를 투자하여, 아무 비용도 쓰지 않고 위험도 없이 먼 나라로 가서, 매일 몇 분이든 아니면 매주 몇 시간이든, 전략적인 가치가 있는 시간을 보낼 수 있습니다. S. D 고든은 기도를 "하나님의 전 세계적인 사업에서 그와 동업하는 관계"라고 말하고, 우리가 하나님의 첩보 기관의 첩보원이 되도록 다음과 같이 권면합니다.

우리 각 사람이 할 수 있는 가장 위대한 일은 기도하는 일입니다. 우리가 개인적으로 어떤 먼 나라에 갈 수 있다 하더라도 한 군데밖에는 갈 수 없습니다.[1]

기도는 우리가 세상과 직접 생동적인 접촉을 할 수 있게 합니다. 오늘 골방에 들어가 문을 닫고 하루 일과 중 30분을 하나님을 위하여 인도에 직접 가 있는 것처럼 시간을 보내는 사람은 실제로 그곳에 가서 그만큼 일한 셈이 됩니다. 확실히, 당신과 나는 이 첩보 기관을 위해 반 시간 이상을 내야 합니다.[2]

직접 참여하십시오

세계 각처의 영적 필요들을 위해 기도하는 일뿐 아니라, 우리는 기도를 통하여 육적인 필요들을 채우는 일도 도울 수 있습니다. 기도가 직접적인 참여나 우리의 풍요를 나누는 일의 대용품이 되어서는 안 됩니다. 왜냐하면, 하나님께서는 또한 섬기고 드리는 일에도 우리를 부르셨기 때문입니다. 기회 있는 대로 우리는 "모든 이에게 착한 일을 하되 더욱 믿음의 가정들에게"(갈라디아서 6:10) 해야 합니다. 기도는 봉사의 한 형태로서, 직접적인 참여와 드리는 일에 선행되어야 합니다. 즉 우리가 다른 사람들에게 나아갈 때 먼저 주님의 인도와 사랑과 능력을 위해 기도해야 하는 것입니다.

고통으로 신음하는 이 세상의 모든 필요를 다 채워 줄 수 있는 사람은 아무도 없습니다. 우리는 선택하여야 합니다. 나는 어떤 필요를 채우는 일에 참여할 것인가? 어느 이웃이나 어느 가정의 필요를 채워 줄 것인가? 또는 어떤 처지에 놓인 사람의 필요를 채워 줄 것인가? 어느 나라를 위하여 기도해야 할 것인가? 당신의 길을 완전케 하시겠다고 약속하신 하나님께 그의 뜻이 무엇인지 보여 주시도록 기도하십시오. 그는 당신을 증인과 빛으로 부르십니다. 그가 당신이 언제 어디서 어떻게 하여야 할지를 당신에게 보여 주시도록 해드리십시오. 토마스 켈리는 이렇게 썼습니다.

하나님의 사랑을 우리 자신들에게만 머물게 할 수는 없습니다. 그것은 흘러넘치게 마련입니다… 그러나 사람들을 사랑하는 나머지 열심히 뛰어다니며 모든 사람과 일에 우리의 사랑의 관심을 쏟아야 할까요? 아닙니다. 그것은 하나님께서 하실 일입니다. 그러나 우리 안에서 일하시는 하나님께서는 우리 각자의 분량에 맞게 그의 넓은 관심을 나누어서 우리에게 맡기십니다. 맡겨 주신 이것들만이 우리가 해야 할 일입니다.³

당신의 봉사의 범위가 하나님께서 원하시는 것만큼은 넓되, 더 넓게 되지는 않게 지도해 주시도록 기도하십시오. 또한 그 일을 효과적으로 수행할 수 있도록 기도하십시오. 어떻게 하면 말에나 일에나 다 주 예수의 이름으로 할 수 있겠습니까?(골로새서 3:17 참조) 어떻게 하면 우리가 능력과 성령과 큰 확신으로 증거할 수 있겠습니까?(데살로니가전서 1:5 참조) 어떻게 하면 사랑 안에서 지혜롭게 드리는 일을 할 수 있겠습니까? 기도는 이런 것이 보장되도록 도와줍니다. 기도할 때, 하나님께서는 우리 자신이 담당해야 할 책임들을 알게 해주시고 우리는 시기와 결과에 대해 하나님께서 책임지시도록 해드리는 것입니다.

오직 하나님의 지도와 능력으로 된 일만이 그를 영화롭게 하고 영속적이 될 것입니다. 그러므로 모세처럼 기도하십시오. "주 우리 하나님의 은총을 우리에게 임하게 하사 우리 손의 행사를 우리에게 견고케 하소서. 우리 손의 행사를 견고케 하소서"(시편 90:17).

창의적으로 기도하십시오

세계를 위하여 기도할 때는 지혜롭게 하되 믿음을 가지고 하십시오.

인도 남부의 한 부부가 삶과 말씀으로 그리스도를 전파하기 위해 다른 곳으로 이사를 했습니다. 그곳은 300가구 정도가 살고 있는데 그들은 모두가 다른 종교에 깊이 빠져 있어 기독교에 강하게 반발하고 있었고 그리스도인이라곤 이들 부부뿐이었습니다.

첫해에는 큰 어려움을 겪었습니다. 사람들은 기독교에 무관심할 뿐만 아니라 이들과 가까이하려고도 들지 않았습니다. 일상적인 대화조차 나누기가 힘들었습니다. 이들 부부는 신실하시며 능하신 하나님을 철저히 의지하며 기도했습니다. 때때로 밤에 마을을 두루 돌면서 자신들이 아는 사람들과 집을 위해 기도하곤 했습니다.

그러나 매일 밤 이렇게 하는 것이 쉽지는 않았고 특히 계절풍과 더불어 비가 몰려올 때는 더욱 어려웠습니다. 그래서 그들은 방문 안쪽에 손으로 그린 마을의 지도를 붙여 두었습니다. 이 "항공사진"처럼 생긴 지도로 그들은 집을 나서지 않고도 동네를 돌아다니며 이웃 가정들과 사람들을 위해 구체적으로 기도할 수 있었습니다.

그들이 부지런히 기도한 결과가 나타나기 시작했습니다. 어느 성탄절 날 그들은 야외에서 예수 그리스도의 생애에 관한 영화를 상영했습니다. 많은 이웃들과 모든 아이들이 몰려왔습니다. 훈련된 동역자 몇 사람이 그 무리 속에 들어가 대화를 시작했습니다.

쿠마르라는 한 십대 소년이 그리스도를 믿기로 결심했습니다. 처음에 그는 주님을 따르는 일을 주저하였고, 그 다음에는 몇 달 동안이나 가족들의 혹독한 핍박과 주위 사람들로부터 시달림을 받았습니다. 성경이 갈기갈기 찢기고 그는 집에서 쫓겨나게 되었습니다. 그러나 그는 여전히 주님 편에 섰습니다. 얼마 후, 그는 다시 집으로 돌아올 수 있었고 영적으로 계속 성장하는 가운데 자신의 믿음을 다른 사람과 나누게 되었습니다. 기독교에 대한 가족들의 반발도 점차 누그러졌습니다. 쿠마르가 그리스도를 믿게 되고 핍박하에서도 견뎌내는 데 있어서 기도가 주된 역할을 담당했습니다.

쿠마르의 이야기는 "기도는 결정타를 날리는 것이며… 봉사는 그 결과들을 주워 모으는 것입니다"[4]라고 한 S. D. 고든의 말을 반영하는 실제적인 예입니다.

선교지를 선택하십시오

엄청난 필요들을 안고 있는 나라들이 많습니다. 가장 인구가 많은 나라들을 생각해 보십시오. 중국은 약 10억의 인구를 가지고 있고, 인도는 약 7억의 인구를 가지고 있습니다. 이 두 나라에 세계 인구의 3분의 1이 넘는 사람들이 살고 있는 것입니다. 참된 그리스도인들이 너무도 적어 가슴이 아플 뿐입니다. 상당히 큰 도시인 인구 700만의 로스앤젤레스를 생각해 보십시오. 인도 북부에는 이 정도의 도시가 여러 개 있는데 각 도시에 거듭난 사람은 평균 350명 정도로 20,000명에 1명꼴입니다. 로스앤젤레스에 있는 지역 교회 가운데 많은 교회는 이 숫자의 두세 배 정도의 그리스도인이 출석하고 있습니다. 중국은 인도보다 그리스도인의 비율이 좀 높긴 하지만 두 나라 모두 그 영적인 필요들이 엄청납니다. 게다가 중국이나 인도보다도 그리스도인의 비율이 더 낮은 나라들도 있습니다.

어쩌면 하나님께서는 당신의 기도 대상 국가로 인도나 중국, 또는 가난하고 폐쇄적이거나 어려운 또 다른 나라를 택하게 하실지도 모릅니다. 당신은 어느 한 주나 한 도시에 대한 소식에 주의하면서 그곳을 위해 집중적으로 기도할 수도 있습니다. 하나님께서 하시기에 너무 힘든 일이란 없습니다. 그는 당신의 기도를 사용하여 가장 어려운 곳에서도 원수의 저항을 분쇄할 수 있습니다. 기도함으로써 당신은 복음이 전파되지 않은 나라에 살고 있는 사람들에게 하나님의 나라를 확장시키는 데 일익을 담당할 수 있는 것입니다.

미국 동부에 사는 한 헌신된 그리스도인 소녀는 잘 알려지지 않은 아프리카의 피그미 부족 가운데 하나에 대해 짐을 느끼게 되었고 주님께서 마음을 움직여 주심에 따라 그들을 위해 기도하였습니다. 그녀는 기도뿐 아니라 그 지역의 선교사들에게 편지를 쓰며 그들이 부족민들에게 복음 전하는 일을 돕기 위해 헌금도 보냈습니다. 그러나 그 부족은 유목민이라 끊임없이 새로운 지역으로 이동하기 때문에 선교사들이 접촉하여 복음을 전할 수가 없었습니다. 건강이 매우 좋지 못했던 그녀는 몇 년 동안 기도하다가 세상을 떠났습니다. 그리고 나서 20년 이상의 세월이 흘렀습니다.

어느 해 여름, 한 선교 단체에서 파송된 사람이 그 부족을 찾아내었고, 두세 명의 통역자를 통해 복음과 아울러 기독교의 기본 진리들을 그 부족의 언어로 녹음할 수가 있었습니다. 몇 달 후에는 수백 개의 녹음테이프가 제작되었고, 마침내 녹음기와 테이프를 통하여 예수 그리스도의 복음은 그 부족에게 전해졌습니다.

그 반응은 놀라웠습니다. 이 유목민들이 자기들의 언어로 복음을 들을 때 성령께서 역사하셨습니다. 며칠 안 되어 그들 대부분이 우상을 버리고 하나님께로 돌아왔습니다. 선교사들은 이처럼 많은 사람들이 그토록 빨리 반응을 나타낸 데 대해 놀라움을 금치 못했습니다. 나중에 그들은, 병약한 몸으로 기도를 통하여 이와 같은 복음의 확장을 위한 기반을 마련한 그 어린 소녀의 이야기를 듣고서야 그 놀라운 결과의 원인을 알게 되었습니다. 데이비드 벤틀리 테일러는 이렇게 썼습니다.

기도의 능력은 거리가 멀다고 감소되는 것이 아닙니다. 또 나이나 연약함… 정치적 변화나 제재… 따위에 제한받지도 않습니다. 순종하는 그리스도인의 생활에서 나타나는 기도의 능력은 오직 태만으로 인해서만 약해질 수 있습니다.

개인 적용

1. 이 장에 나오는 아이디어 가운데 내가 세계를 위해 기도하는 데 활용할 수 있는 것은 어느 것인가?

2. 정기적으로 집중하여 기도하기 위해 내가 택해야 할 나라가 있는가?

주:

1. S. D. Gordon, *What It Will Take to Change the World* (Baker Book House, 1981), page 112.
2. S. D. Gordon, *Quiet Talks on Prayer* (Fleming H. Revell, 1903), pages 15,82.
3. Thomas Kelly, *A Testament of Devotion* (Harper & Row, 1941).
4. Gordon, *Quiet Talks on Prayer*, page 19.

부록 I
경건의 시간의 계획

경건의 시간을 계획할 때, 다음 그림은 149-150쪽에 나오는 다양한 기도의 유형을 기억하는 데 도움이 될 것입니다.

다음에는 경건의 시간을 갖는 네 가지 방식이 소개되어 있습니다. 당신의 개인적인 계획을 세울 때 그중 한 가지 방식을 따를 수도 있고 몇 가지 방식에서 필요한 아이디어를 선택해서 쓸 수도 있습니다.

방식 1

- 경건의 시간을 위해 간단히 기도하되, 하나님께서 인도해 주시고 깨닫게 해주시길 간구한다. 당신의 목표는 그를 만나며 그를 더 잘 알아 가는 데 있음을 아뢴다.
- 역대상 29:11-12 말씀을 사용하여 하나님을 찬양한다.
- 한 문단 정도의 말씀을 읽고 그중에서 마음에 와 닿는 구절을 하나 택한다.
- 기도 목록에 있는 각 제목들을 위해 기도하되, 당신이 택한 마음에 와 닿는 구절의 내용을 기초로 한다.
- 하루를 주님께 드리고 그 세부 계획을 놓고 기도한다.
- 감사하는 시간을 가지고 마친다.

방식 2

- 시편 143:8-10 말씀으로 기도한다.
- 하나님을 더욱 갈망하게 되고 더 온전히 알게 되도록 기도한다.
- 암송한 성경 구절을 몇 개 복습한다.
- 감사해야 할 것들을 목록으로 만들고 이를 활용하여 구

체적인 축복들에 대해 감사드린다.
- 말씀을 읽고 기도하는 마음으로 묵상하는 가운데 마음에 떠오르는 한두 가지 생각을 기록한다.
- 주기도문을 기초로 자신과 다른 사람들을 위하여 기도한다.

방식 3

- 찬송가나 복음성가에서 찬송 하나를 택하여 그 가사를 묵상하거나 주님께 찬송을 드린다.
- 당신이 살아갈 때 주님께서 그의 말씀으로 당신의 생각과 생활을 다듬어 주시도록 간구한다.
- 성경 한 장을 읽어 나가되, 몇 구절마다 읽기를 멈추고 마음에 떠오르는 어떤 기도 제목이나 사람을 위해 기도한다.
- 하루를 살아가면서 틈틈이 기도하되, 어떤 활동이나 책임을 수행할 때마다 주님의 도우심을 간구한다.
- 하나님께 대한 의지와 헌신을 다시 새롭게 한다.
- 그날 하루의 모든 필요를 채워 주시기로 약속해 주신 데 대해 감사드린다.

방식 4

- 시편 119:73 및 34절 말씀으로 기도함으로써 시작한다.
- 하나님의 놀라운 사랑과 능력에 대해 찬양한다.

- 어제 경건의 시간을 가질 때 당신에게 감명을 주었던 것을 다시 살펴보고 이에 대해 다시 기도한다.
- 구약 및 신약성경에서 각각 한 장씩 읽고 다음 사항 중 하나를 기록한다.
    하나님, 그리스도 및 성령에 관한 진리
    기억해야 할 원리
    따라야 할 본
    피해야 할 잘못
    순종해야 할 명령
    의지해야 할 약속
- 기록한 것에 대해 기도한다.
- 기도 목록을 사용하여 기도한다.

부록 II

놀라운 응답과 끈기 있는 기도

다음에 소개되는 조지 뮐러의 경험들은 어떻게 이 믿음의 사람이 하나님께서 역사하시는 것을 반복해서 보게 되었는지에 대한 실제적인 예입니다.

아침 식사의 공급

새무얼 채드윅은 그의 명저 The Path of Prayer에서 A. T. 피어슨 박사가 조지 뮐러의 고아원을 방문했을 때의 일화를 소개하고 있습니다. "어느 날 밤 식구들이 모두 잠자리에 들었을 때 그 (조지 뮐러)는 피어슨에게 자기와 함께 기도하자고 부탁했습니다. 그는 내일 아침 끼니를 이을 식량이 하나도 없다고 했습니다. 친구인 피어슨은 그에게 가게마다 모두 문이 닫혀 있다고 충고해 주었습니다. 뮐러도 그 모든 사실을 모르는 게 아니었습니다. 그는 늘 기도하듯이 기도했고, 자기의 필요에 대하여 하나님 외에는 누구에게도 이야기하지 않았습니다. 그들은 기도했습니다. 적어도 뮐러는 믿음으로 기도했고, 피어슨은 그렇게 하려고 노력했습니다. 그리고는 잠자리에 들었는데, **다음날 아침 평상시와 같은 식사 시간에는 고아원의 2,000명의 어린이가 먹을 아침 식사가 풍성하게 마련되어 있었습니다.** 어떻게 응답이 왔는지는 뮐러도 몰랐고 피어슨도 몰랐습니다. 식량을 가져왔던 그 후원자 자신이 죽을 때까지 비밀을 지킬 것을 맹세한 뒤에, 브리스톨에 사는 시몬 쇼트는 이튿날 아침에 그 후원자로부터 그 내력을 들을 수 있었습니다. 그 자세한 사연을 알게 되면 더욱 놀라울 뿐입니다. 그러나 여기서 꼭 말해 두고 싶은 것은 주님께서 한밤중에 그 후원자를 잠자리에서 불러 내셔서 조지 뮐러의 고아원에 아침 식사를 위한 식량을 보내 주게 하셨다는 것과, 그곳의 구체적인 필요나 두 사람이 기도한 것을 전혀 모르면서도 그는 그들이 한 달 동안 먹을 양식을 보내 주었다는 사실입니다. 바로 엘리야의 여호와 하나님은 그러한 분이시며, 또 우리 주 예수 그리스도의 하나님은 더욱 그러한 분이십니다."[1]

안개를 걷히게 함

유명한 전도자 찰스 잉글리스는 조지 뮐러의 생애에 있었던 다음과 같은 사건을 소개했습니다.

부록 II: 놀라운 응답과 끈기 있는 기도   275

31년 전 처음으로 미국에 올 때 나는 기선을 타고 대서양을 건넜는데 그 선장은 내가 알고 있는 아주 경건한 사람 가운데 하나였습니다. 뉴펀들랜드의 부두를 떠날 때 그는 내게 다음과 같은 말을 들려주었습니다.

5주 전에 이 항로를 항해할 때 저의 그리스도인으로서의 삶을 완전히 바꾸어 버린 놀라운 사건이 일어났습니다. 그때까지 저는 평범한 그리스도인의 하나에 불과했었습니다. 우리 배에는 브리스톨에서 온 조지 뮐러라는 하나님의 사람이 타고 있었습니다. 저는 안개 때문에 22시간 동안 잠시도 선장실을 뜨지 못하고 있었는데, 그때 누가 어깨를 두드리기에 깜짝 놀라 돌아보니 조지 뮐러 씨였습니다.

"선장님, 말씀드릴 게 있어서 왔는데, 저는 이번 토요일 오후까지는 퀘벡에 도착해야 합니다"라고 그는 말했습니다. 그날은 수요일이었습니다.

"그건 불가능합니다"라고 저는 대답했습니다.

"잘 알겠습니다. 하지만, 이 배가 저를 데려다 줄 수 없다면 하나님께서는 저를 데려다 주시기 위해 다른 방법을 찾으실 것입니다. 저는 지난 57년 동안 한 번도 약속을 어긴 적이 없습니다."

"저도 기꺼이 돕고는 싶습니다만, 도와드릴 방법이 없군요. 속수무책입니다."

"그럼 해도실(海圖室)로 내려가 기도합시다"라고 그는 말했습니다.

저는 이 사람을 쳐다보며, '도대체 이 사람은 어느 정신 병원에서 왔지? 무슨 엉뚱한 소리람' 하고 생각했습니다.

"밀러 씨, 이 안개가 얼마나 짙은지 알고나 계십니까?" 하고 저는 되물었습니다.

"아니오. 하지만, 저는 안개의 농도가 아니라 제 삶의 모든 환경을 다스리시는 살아 계신 하나님을 바라보고 있습니다"라고 그는 대답했습니다.

그는 무릎을 꿇더니 아주 단순한 기도를 했습니다. 저는 '저런 기도는 열 살도 채 안 되는 아이들에게나 어울리겠어'라고 속으로 생각했습니다. 그의 기도의 내용은 대략 이런 것이었습니다. "오, 주님, 주님의 뜻이라면 5분 안에 이 안개를 걷어 주십시오. 주님께서 아시다시피 이번 토요일에 제가 퀘벡에 가기로 한 약속은 주님께서 정해 주신 것입니다. 그것이 주님의 뜻인 줄 믿습니다."

그가 기도를 마치자 저도 기도하려고 했지만, 그는 손을 제 어깨에 얹더니 그럴 필요가 없다고 했습니다.

그는 말했습니다. "첫째, 당신은 하나님께서 그 일을 하실 것을 믿지 않고 있습니다. 둘째, 저는 하나님께서 이미 그 일을 이루어 주신 것을 믿습니다. 그러므로 당신은 기도할 필요가 전혀 없습니다."

내가 그를 쳐다보자 조지 밀러 씨는 이렇게 말했습니다. "선장님, 저는 57년 동안 주님을 알아 왔는데, 왕이신 주님을 만나 뵐 수 없던 날은 단 하루도 없었습니다. 선장님, 일어나 창문을 열어 보십시오. 안개가 걷혔을 것입니다." 일어나 보니 **과연** 안개는 사라지고 없었습니다. 토요일 오후에 조지 밀러는 퀘벡에 도착해 있었습니다.[2]

잃어버린 영혼들을 구함

그의 기도에 대한 수많은 신속한 응답들에 대해 언급하면서, 조지 밀러는 이렇게 말했습니다.

> 사람들은 나의 기도는 모두… 즉각적인 응답을 받은 것으로 생각할지 모르겠습니다. 그렇지 않습니다. 언제나 그랬던 것은 아니었습니다. 때로 나는 몇 주일, 몇 달, 혹은 몇 년을 기다려야만 했고, 어떤 때는 기나긴 세월을 기다리기도 했습니다.
>
> 1855년 처음 6주 동안 나는 6명이 주님께 돌아왔다는 소식을 듣게 되었는데, 그들을 위하여 나는 실로 오랫동안 기도해 오던 중이었습니다. 한 사람을 위해서는 2년 남짓 기도해 왔고, 또 한 사람을 위해서는 3년 남짓 기도해 왔으며, 또 한 사람을 위해서는 약 7년 동안, 네 번째 사람을 위해서는 10년 동안, 다섯 번째 사람을 위해서는 15년 동안, 마지막 사람을 위해서는 20년 동안 기도해 오던 중이었습니다.
>
> 그러므로 사랑하는 형제 자매들이여, 계속 하나님을 만나 뵙십시오. 계속 기도하십시오. 오직 당신의 구하는 바가 반드시 하나님의 마음에 합한 것이 되도록 하십시오.[3]

주:

1. *George Mueller, Man of Faith*, edited by A. Sims (Singapore, The Navigators, n.d.), pages 20-21. 네비게이토 소책자 시리즈 23.
2. Sims, pages 21-23.
3. Roger Steer, *George Mueller: Delighted in God* (Harold Shaw Publications, 1981).

본서는 미국 NavPress와의 계약에 의하여 번역 출간한
것이므로 본서의 전부 또는 일부의 무단 복제,
또는 원문에 대한 무단 번역을 금합니다.

효과적인 기도

초판 1쇄 발행 : 1986년 2월 7일
초판 6쇄 발행 : 1997년 2월 24일
개정 1쇄 발행 : 2003년 6월 1일

펴낸곳 : 네비게이토 출판사 ⓒ
펴낸이 : 조 성 동
주소:120-600 서울 서대문 우체국 사서함 27호
120-836 서울시 서대문구 창천동 497
전화:334-3305(대표), 334-3037(주문), FAX:334-3119
홈페이지:http://navpress.co.kr

출판등록:제10-111호(1973년 3월 12일)

ISBN 89-375-0262-3 03230